GLÜCKLICH IM BERUF ? !

Finde Deine Berufung und entwickle sie weiter

Clemens Bleyl

Bibliographische Information der Deutschen Nationalbibliothek:
Die Deutsche Nationalbibliothek verzeichnet diese Publikation in der
Deutschen Nationalbibliographie; detaillierte Bibliographische Daten sind im
Internet über
http://dnb.d-nb.de abrufbar.

Umschlagentwurf und Layout: Magnus Hennen,
Hennen Werbeagentur

Widmung

Dieses Buch widme ich meinen vielen Mitarbeiter rund um die ganze Welt. Sie sind die Grundlage und das Wissen aller Erfolge und Erfahrungen gewesen, die wir zusammen erleben und feiern durften.

Und ohne meine Frau Fee wäre das alles nicht möglich gewesen, denn sie hat mir die Ruhe und die Kraft für dieses reichhaltige Arbeitsleben gegeben.

Mein Dank gilt meinem Lektor Dr. Michael Madel, der mir viele Ideen und Verbesserungen gegeben hat. Das Buch ist dadurch klarer geworden.

Inhaltsverzeichnis

Benötigte Materialien für die Arbeitskapitel

➢ Bleistift, Spitzer und Radiergummi

➢ Kugelschreiber

➢ Filzstifte

➢ Farbige Marker

➢ Weißes Druckerpapier im DIN-A 4-Format

➢ zwei weiße Bögen im DIN-A3-Format (2xDIN A4 zusammenkleben) oder, noch besser, im DIN-A2-Format

➢ Post-it (Klebezettelchen)

➢ Kleber

Die Reise zu meinem Beruf

Lasst den Lärm der Stimmen anderer nicht eure innere Stimme ersticken. Das Wichtigste: Folgt eurem Herzen und eurer Intuition. Sie wissen bereits, was ihr wirklich werden wollt.

Steve Jobs (Apple-Gründer)

1."Es ist gerade nicht der richtige Zeitpunkt"

Enttäuscht sitze ich zurückgelehnt in meinem Schreibtischstuhl und schüttle den Kopf. Ich bin Manager in einem Schweizer Konzern und habe gerade eine Absage bekommen – von einem Mitarbeiter. Ich suche einen geeigneten Kandidaten, der in eine Fabrik in einem anderen Land gehen soll. Dort wird ein ganz besonderes Produkt hergestellt, und ich will es bei uns besser vermarkten. Aber immer wieder scheitern wir daran, dass die amerikanische Fabrik eine andere Ingenieurkultur hat und wir bei Angeboten aneinander vorbeireden, allen Schulungen zum Trotz. Wir brauchen einen Botschafter für unseren Markt Europa in der Fabrik, der dort die amerikanischen Produkteigenheiten im Detail lernt, die Kultur in sich aufnimmt und die Angebote von dort macht und alle Rückfragen zügig beantwortet. So kann ein Erfolg daraus werden, weil beide Seiten beginnen, einander zu verstehen. Der geeignete junge Mitarbeiter hat das Jobangebot, in die USA zu gehen, gerade abgelehnt. Bei dem Grund für die Ablehnung ging es nicht um Geld oder vertragliche Dinge, denn so weit waren wir noch nicht. Er hatte eine Beschreibung der Aufgabe bekommen, wie wir den Auslandsaufenthalt vom Grundsatz her gestalten würden, welcher

1

Zeitraum angedacht war und dass er mit seiner Frau vor der endgültigen Entscheidung einen Aufenthalt vor Ort machen kann, um sich ein eigenes Bild über die Lebensumstände zu machen. Er hatte sich eine Woche mit seiner Familie beraten. Die Antwort war: „Nein, es ist gerade nicht der richtige Zeitpunkt."

Klarheit gewinnen

Da ich selbst in verschiedenen Ländern mit Familie gearbeitet habe, weiß ich, welch enormer Schritt das ist. Aber ich habe diesen Satz nicht nur einmal gehört, und zwar nicht nur dann, wenn es ums Ausland ging. Die Chance des jungen Mannes auf Weiterentwicklung und die daraus folgenden Schritte war mit einem Satz vertan.

So sehr ich auch nachgefragt habe, eine bessere Begründung habe ich nie bekommen: Entweder können oder wollen die Nutzer dieses Satzes nicht sagen, was sie hindert. (Ich gebe zu, ich habe einen Kandidaten gehabt für eine Managementposition, der genau sagen konnte, warum und auch wann ein besserer Zeitpunkt dafür gewesen wäre. Er hat Jahre später seine Chance für die Weiterentwicklung bekommen und genutzt.) Ich war bei dieser Antwort immer wie vor den Kopf geschlagen. Die, die keine Gründe nennen konnten, warum es ein schlechter Zeitpunkt sei, hatten sich in meiner Vorstellung nicht genügend Gedanken um das Angebot und die sich daraus ergebenden Perspektiven gemacht. Meiner

Meinung nach hatten sie die Chance achtlos weggeworfen. Und die anderen – die also doch hätten Gründe angeben können – hatten die Möglichkeit ungenutzt verstreichen lassen, für die Probleme, die wahren Gründe, gemeinsam mit mir eine Lösung zu finden. Übrigens: Für mich nachvollziehbare Gründe, bei denen auch ich „Nein" zu dem Angebot gesagt hätte, gab es so gut wie nie.

Warum aber bin ich über die Ablehnung des jungen Mannes so enttäuscht gewesen? Natürlich musste ein neuer Kandidat gesucht werden, geschenkt, das kommt öfter vor. Ein Berufsleben ist lang, sehr lang, denn die Rente winkt heute erst mit 67. Das macht dann 40 bis 50 Jahre einschließlich der Berufsausbildung. Will ich mein ganzes Arbeitsleben immer das Gleiche machen, von Anfang bis Ende? Das ist möglich, aber ich habe nur wenige getroffen, die das unterschrieben hätten. Wenn sich dann eine Möglichkeit bietet, sich weiterzuentwickeln und den Horizont zu erweitern, dann würde ich genau zuhören und mich ernsthaft damit beschäftigen. Es könnte eine einmalige Chance sein, niemand weiß, ob es eine zweite gibt. Und wer leichtfertig antwortet, wird so schnell nicht wieder gefragt, vielleicht nie mehr. Es ist mein Leben, ich muss etwas daraus machen. Meine Enttäuschung war, dass das Angebot nicht ernsthaft in Erwägung gezogen wurde, dass der Kandidat sich kaum Gedanken gemacht zu haben schien, wohin ihn sein Berufsweg führen sollte, welche konkreten Ziele er hatte. Stimmt meine Einschätzung, dann hatte er an dieser Stelle seines Lebens seine Zukunft verschenkt, vielleicht sogar für immer.

Als ich damals an meinem Schreibtisch saß, habe ich mir vorgenommen, dass ich eines Tages einen Ratgeber mit Geschichten aus meinem beruflichen Leben schreiben werde, damit mehr Menschen den richtigen Beruf finden und eher die Chancen nutzen, die sich ihnen bieten.

Weiterentwicklung ist dabei das eine. Entscheidend sind aber die Fragen, ob ich mich für den Beruf, für den ich aufstehe und morgens zur Arbeit gehe, begeistern kann und ob mich meine Tätigkeit wirklich zufrieden macht. In unserer westlichen Welt haben die meisten zumindest die Chance, das zu machen, was zu ihnen passt. Sie müssen es nur finden und dann auch den Mut haben, es umzusetzen.

Mein Sohn hat im Alter von 18 Jahren darüber nachgedacht, was er nach dem Abitur machen wollte. Welches Fach oder welche Richtung wollte er studieren? Er hat mich dazu um Rat gefragt. Ich habe ihm eigentlich nur Fragen gestellt. Ich wollte ihn nicht beeinflussen, denn sein Berufsziel musste er selbst finden, es durfte dabei nicht um mich oder meine Wünsche gehen. Ich habe ihn aufgefordert, meinen Fragen zu lauschen. Auf keine gab es sofort eine Antwort. Ich habe ihm erklärt, dass durch die Fragen sein Unterbewusstsein angeregt wird, und er irgendwann eine Antwort erhalten wird. Meistens in einem Moment, in dem er es am wenigsten erwartet. Die Kunst bestehe darin, so aufmerksam zu sein, dass er diese Antwort hört. Viele Antworten werden überhört, was ein echter Verlust ist. Das Ziel müsse also von innen heraus kommen.

Es hat eine Weile gedauert und ich habe mich dann auch in leichter Sorge mit meinem älteren Bruder ausgetauscht, der als Lehrer jedes Jahr einen Jahrgang zum Abitur führt. Er hat mich beruhigt: Aus seinen Abschlussklassen von rund 29 Schülern wüssten nur sehr wenige, was ihr Ziel sei, was sie als wirklich lebenserfüllenden Beruf erlernen wollten, so dass sie ein Leben lang mit innerer Erfüllung jeden Tag wieder zur Arbeit gehen könnten.

Auf der Reise zu *Deinem* Beruf

Dieses Buch soll Dir dabei helfen, den richtigen Beruf zu finden, und ein anregender Leitfaden sein, um besser vorbereitet zu sein, wenn sich für Dich eine Chance auftut oder eine Entscheidung ansteht. Es ist nicht nur ein Buch zum Lesen, sondern auch eine Anleitung, etwas umzusetzen. Die Übungskapitel helfen Dir, Deinen Beruf zu finden oder ihn besser zu entwickeln. Und ich nehme an, das ist auch der Grund, warum Du dieses Buch jetzt liest.

Wenn Du nichts änderst, bleibt alles gleich. Willst Du das? Wenn ja, dann solltest Du jetzt aufhören zu lesen und das Buch verschenken. Aber vielleicht gönnst Du Dir vorher noch die Lektüre des fünften Kapitels, nämlich „Mut zum Experiment: Probiere beruflich etwas Neues aus". Denn dort.......

Zum Nach- und Weiterdenken

➤ „Der Langsamste, der sein Ziel fest vor Augen hat, geht immer noch schneller als jener, der ohne Ziel umherirrt." Dieser Satz stammt von Gotthold Ephraim Lessing. Was löst er in Dir aus?

➤ Bist Du zufrieden in Deinem Job? Und wenn Du die Frage verneinst: Warum nicht?

➤ Hattest Du in der Vergangenheit eine Chance und hast sie abgelehnt? Warum hast Du so gehandelt?

➤ Ganz spontan geantwortet: Was ist Dein Traumberuf?

➤ Wenn Dir zu obigen etwas eingefallen ist, schreib es bitte auf.

2.Berufung finden: Wo fangen wir bloß an – und wie?

Am Anfang steht Deine Bereitschaft, dieses Buch zu lesen und die hier entwickelten Gedanken für Dich persönlich durchzugehen. Das ist der erste Schritt, und der ist bekanntlich der Schwerste. Für jeden von Euch werden meine Aussagen etwas anderes bedeuten, denn jeder ist einzigartig in seinem Wesen und seiner beruflichen und privaten Situation. Darum ist mein wichtigstes Ziel, Dich beim Nachdenken über Deine Situation zu unterstützen. Es wird aber auch immer wieder Kapitel geben, in denen ich Dich bitte, etwas zu tun. In diesen Bereichen werde ich Dir Aufgaben stellen, die Du am besten sofort nach dem Lesen erledigst, das bringt Dir am meisten.

Du solltest nicht weiterlesen, bevor eine Übung erledigt ist.

Das Buch ist so konzipiert, dass ein Kapitel auf dem anderen aufbaut. Für die Übungen brauchst Du immer Papier und Bleistift (siehe die Materialliste nach dem Inhaltsverzeichnis) und, ganz wichtig, Ruhe und Aufmerksamkeit. In Momenten, in denen Du müde bist, solltest Du keine der Übungen machen! Die Arbeitskapitel sind einem Dreitagesseminar entnommen, das ich vor über zehn

Jahren entwickelt habe und das für lange Zeit erfolgreich durchgeführt wurde. Das Ziel war, dass neue Mitarbeiter, egal ob jung (der jüngste war 15) oder alt (der älteste war 65 und langweilte sich als Frühpensionär), ob Auszubildender oder Hochschulabgänger, beim Start in der Firma ein klares berufliches und privates Ziel entwickeln. Davon haben beide Seiten etwas: Der Mitarbeiter weiß, was er will, und die Unternehmen brauchen zielorientierte Mitarbeiter. Mancher hat dabei festgestellt, dass er im falschen Job oder sogar in der falschen Firma ist. Bei Ersterem haben wir geschaut, ob wir seinen Zielen entsprechend etwas Adäquates zu bieten hatten, und den Mitarbeiter versetzt. Gab es den Job nicht, der zum Ziel passte oder auf dem Weg zu diesem Ziel lag, dann war eine mögliche Schlussfolgerung, dass sich der Mitarbeiter in der falschen Firma befand. Sie oder er hat dann in absehbarer Zeit die Firma wieder verlassen – und beide Seiten waren froh darüber. Der Mitarbeiter musste nicht einen Job machen, den er gar nicht wollte, sondern konnte sich in Richtung auf sein Ziel verändern. Und die Firma hatte nicht einen Unzufriedenen in ihren Reihen, der nicht mit dem Herzen dabei war.

Ich habe am Anfang des Seminars die Mitarbeiter immer gebeten, dass sie auf den von mir kreierten Prozess vertrauen.

Und genau darum ersuche ich auch Dich, liebe Leserin, lieber Leser, mir Dein Vertrauen zu schenken.

Viele Menschen können die Frage, was der für sie passende Beruf ist, nicht klar beantworten. Vielleicht ergeht es Dir ebenso. Aber irgendwo tief in Dir schlummert die Antwort. Um sie an die Oberfläche zu bringen, werde ich Dich nach und nach dafür sensibilisieren, damit die Frage immer tiefer einsinken und die Antwort immer weiter in Dir aufsteigen kann. Die fortgesetzte, konzentrierte Beschäftigung mit dem Thema wird Deinen verborgenen Wunsch schließlich an die Oberfläche spülen. Ich bin sicher: Nach diesem intensiven Prozess wird Dir die Antwort logisch und einfach vorkommen.

Dieses Vorgehen steht den aktuellen Gewohnheiten entgegen, denn heutzutage muss alles schnell gehen. Anrufe, E-Mails, SMS, WhatsApp-Nachrichten und Co. müssen sofort beachtet und beantwortet werden, Tag und Nacht. Obwohl niemand das verlangt hat, ist es zu unserer Wirklichkeit geworden. Unser Verstand muss schnell nachdenken, reagieren und Antworten zur Verfügung stellen. Diese Erwartung wird hier in diesem Buch nicht funktionieren. Es wird Zeit und Geduld brauchen, bis neben dem Verstand auch das Gefühl, der Bauch und das Unterbewusstsein zu Antworten gelangen können. Gönn Dir die Zeit und lass Dich nicht von der Sofort-

Mentalität vorantreiben. Auch wenn Du es eilig hast: Gib Dir die Zeit, damit Deine Suche erfolgreich ist. Und damit das Ganze nicht so trocken daher kommt (keine Angst, es wird richtig spannend), erzähle ich immer wieder Geschichten, die verdeutlichen, worum es mir geht.

In Freiheit zu Fuß durch Europa

Die erste Geschichte hat nichts mit meinem Beruf zu tun. Sie stammt aus der Zeit nach meinem Berufsleben. Ich werde immer wieder auf sie zurückkommen, weil wir sehr viel aus ihr lernen können.

Ich hatte sehr früh den Traum, nach dem Ende meines Arbeitslebens mit dem Rucksack durch Europa zu wandern, und zwar allein. Damit wollte ich den Übergang von der 60- bis 80-Stunden-Woche eines Managers zur Ruhe eines Rentners aktiv und gleitend gestalten, die Gedanken an den Beruf und die Firma zum Schweigen bringen, die im Berufsleben angestaute Anspannung ausschwitzen und meine Freiheit genießen. Das war mein übergeordnetes Ziel, und der Weg dahin sollte in Istanbul starten und am Nordkap enden. Am Anfang stand die Idee, dann folgte die klare Zielsetzung, die aber zu Fragen führte: Welche Route wähle ich, was nehme ich im Rucksack mit, wo schlafe ich und was esse und trinke ich? Die Antworten habe ich nach und nach erarbeitet. Manches habe ich bis ins letzte Detail, ich kann sagen: bis ins letzte Gramm, geplant. Das betraf die gesamte Ausrüstung von Kleidung über Zelt, Schlafsack, Kocher, Erste-Hilfe-Set, Mobiltelefon, Wandernavigation und vieles mehr. Und auch die Erstausrüstung mit Lebensmitteln. Anderes habe ich nur grob geplant, dazu gehörte die Route. Immerhin habe ich die Länder festgelegt, die ich durchwandern wollte (Türkei, Griechenland, Albanien, Montenegro, Kroatien, Slowenien, Österreich, Tschechien, Deutschland und zu guter Letzt das endlos lange Norwegen). Dann habe ich nach Wanderrouten gesucht (Karten oder Dateien für mein Navi). Aber eine ganz genaue Planung habe ich nicht gemacht. Es stand also nicht fest, wo ich morgens starten würde, welchen genauen Weg ich gehen würde und wo ich abends mein müdes Haupt betten würde. Ich schätzte die Gesamtstrecke auf sechs- bis achttausend Kilometer und dass es knapp acht Monate dauern würde (das war sehr optimistisch geschätzt). Und wenn mich jemand nach den konkreten Details gefragt hat, war meine Antwort: „Das ist der Plan!"

Ziele setzen – aber nicht zu detailliert

Kannst Du Dir vorstellen, dass bei einem solchen Ultrawandermarathon alles glatt geht und sich „alles" minutiös und im Detail planen lässt? Nein, denn für viele Länder gab es keine Wanderkarten. Und wenn es welche gab, dann konnte ich sie mir nicht beschaffen, selbst nicht über spezielle Buchhandlungen oder das Internet. Das haben mir die wenigen Rucksackträger, denen ich begegnet bin, bestätigt. Vor allem Südeuropa ist in dieser Beziehung ein schwarzes Loch. Unterwegs, vor Ort, habe ich dann manchmal doch etwas gefunden.

Und wie war das Ergebnis? Wunderbar! Nach 7.500 Kilometer, davon 5.500 Kilometer zu Fuß, bin ich glücklich und entspannt nach gut zehn Monaten (reine Gehzeit) an meinem Zielpunkt, nämlich Dresden, angekommen und bin dabei auch so ungefähr durch die Länder gegangen, die ich mir vorgenommen hatte. Aber es sind viele Dinge unterwegs passiert, die mich zu Änderungen gezwungen haben. Oft musste ich aufgrund zusätzlicher lokaler Informationen spontan einen anderen Weg einschlagen. Nur drei Beispiele: In Griechenland habe ich mir eine schwere Nagelbettentzündung am Fuß eingehandelt und musste die Reise für sieben Wochen unterbrechen. Ich bin dazu schweren Herzens wieder nach Hause zurückgekehrt und habe, als ich wieder fit war, die Reiseroute geändert, denn in Griechenland war es inzwischen mit vierzig Grad Celsius viel zu heiß zum Wandern. Also bin ich vom Nordkap gen Süden gegangen, um der Hitze zu entfliehen.

Im hohen Norden ist dann Mitte Juni der Winter zurückgekehrt, und ein Wandertag im Schneesturm hat mich davon überzeugt, dass ich besser in die Nähe einer Straße zurückkehren und nicht der geplanten Route durch die völlige Einsamkeit folgen sollte. Dies geschah ganz im Sinne meiner Sicherheit.

Drittens bin ich einem Mann begegnet, der mir von einer alten Römerstraße der Via Egnatia erzählt hat, und so bin ich durch Teile Griechenlands und durch Albanien einen völlig anderen Weg gegangen als geplant. Und weil diese alte Route auch durch Mazedonien führte, kam ein weiteres Land hinzu. So bin ich letztlich zweimal in Dresden angekommen, einmal von Norden und dann von Süden. Und wegen der langen Verletzungszeit habe ich die Wanderung auf zwei Jahre verteilen müssen. An jedem Abend habe ich ein Tagebuch geschrieben, um einigermaßen den Überblick über alle Erlebnisse zu behalten. (Wenn Du Dich für weitere Details dieser Wanderung oder das zugehörige Buch „In Freiheit zu Fuß durch Europa" interessierst, dann findest Du diese auf meiner Website: **www.clemens-bleyl.de)**

Das klingt doch logisch, oder? Bei einem so langen Weg muss man das Ziel kennen, Teilziele definieren und flexibel und innovativ sein, weil der Weg beim Gehen entsteht. Und wenn das bei solch einer Wanderung Sinn ergibt, dann könnte dies doch auch eine ganz gute Strategie für das Berufsleben sein! Denn fünfundvierzig Jahre im Detail vorauszuplanen, dauert wahrscheinlich ewig lang. Und erstens kommt es anders und zweitens als man denkt. Darum ist es klug und zielführend, nicht alles bis ins kleinste Detail vorausplanen zu wollen. Aber das Ziel solltest Du definiert haben und kennen, sonst wanderst Du ohne Orientierung umher.

Warum ist es so wichtig, seine Ziele zu kennen? Nur wer weiß, wo er hin will, hat auch eine Chance dort anzukommen (wenn er nicht auf den ganz großen Zufall setzt).

Und wer seinen Beruf nur danach auswählt, wo es am meisten Geld zu verdienen gibt, wird im Normalfall nicht sehr erfolgreich sein. Warum? Es macht ihm möglicherweise keine große Freude und schenkt ihm keine Zufriedenheit. Und seine Möglichkeiten, mehr Geld zu verdienen – und das war ja sein Hauptmotiv – werden dadurch eingeschränkt sein, dass er keine gute oder besondere Leistung bringen kann, weil er jahrelang etwas tut, was ihm nicht wirklich Freude bereitet.

Wissenschaftler haben immer wieder Studien zu diesem Thema ausgeführt. Ein einfaches Beispiel ist, dass Schüler beim Schulabgang systematisch nach ihren Zielen befragt wurden. Mit 35 Jahren wurden dieselben Personen wieder befragt: Was hatten sie bis dahin in ihrem Leben erreicht? Ein Ergebnis bestand darin, dass die Menschen, die als Schulabgänger klare Ziele benannt hatten, diejenigen waren, die mit 35 erfolgreich oder sehr erfolgreich in ihren Berufen waren.

Sich Ziele zu setzen, ist keine Frage des Alters. Es lohnt sich, sich immer wieder Zeit für Zielsetzungen zu nehmen, denn unser Wissen und unsere Erfahrungen mehren sich, und damit verändert sich unser Blickwinkel. Obendrein macht sich ein 18-Jähriger normalerweise keine Gedanken über eine Familiengründung, ein 25-30-Jähriger schon. Noch weiter weg ist der Ruhestand, aber ein 50-Jähriger sollte schon damit anfangen, darüber nachzudenken. Es gibt leider zu viele Menschen, die den Ruhestand herbeisehnen, aber dann nicht wissen, was sie damit anfangen sollen. Die Rente wird plötzlich zur großen Leere. Ich habe mein Ingenieursstudium zusammen mit 400 weiteren Menschen begonnen, nach wenigen Semestern war ein Drittel davon bereits nicht mehr dabei, und das Sieb des Vordiploms kam erst noch. Viele der Abbrecher hatten „einfach mal so" mit dem Studium angefangen und dann festgestellt, dass „es" wohl doch nicht das richtige für sie war. Etwas auszuprobieren kann einen immer weiterbringen, aber planlos drei Semester Zeit und auch Geld zu vergeuden, weil man kein Ziel hat? Das kann nicht erstrebenswert sein.

Ich habe in meinem Berufsleben nicht viele getroffen, die ein klares Berufsziel nennen konnten. Dafür habe ich einige gesehen, die nicht glücklich und zufrieden in ihrer täglichen Arbeit waren, aber nicht den Mut und die Kraft hatten, etwas zu ändern. Wie auch, wenn nicht deutlich ist, in welche Richtung der Weg führen soll. Ist das Ziel klar, dann bewegen wir uns fast automatisch in die entsprechende Richtung. Bei jeder Entscheidung schwingt die Ausrichtung auf das Ziel mit, häufig auf einer unbewussten Ebene.

Und wenn sich berufliche Chancen ergeben, dann stehen wir gut vorbereitet da und können schnell abwägen, ob diese Möglichkeit passt oder falsch ist. In einem späteren Kapitel werden wir diese Vorbereitung genauer beleuchten.

Niemand sagt, dass es immer so bleiben muss. Als ich mit der Berufsausbildung fertig war, war mein Ziel, einmal im Verkauf eine Gruppenleitung zu übernehmen. Das habe ich auch geschafft, aber da war ich erst 34 Jahre alt. Also habe ich neu nachgedacht. Das war auch um einiges einfacher, denn durch sieben Jahre Berufserfahrung in zwei verschiedenen Aufgaben hatte ich vieles gesehen und Erfahrungen gesammelt, so dass ich viel genauer sagen konnte, was mir liegen würde.

Berufung finden – das Wichtigste im Überblick

Fassen wir noch einmal zusammen, was wir aus meiner Wanderung für die Berufsentscheidung lernen können:

1. Mit einem klar definierten Ziel besteht eine gute Chance, den Weg in einen zufriedenen und erfolgreichen Beruf zu finden.
2. Von Zeit zu Zeit sollte das Ziel überprüft werden. Nicht von ungefähr gibt es die Zahl „Sieben" in der Bibel (die fetten und die dürren Jahre), das ist ein guter Abstand für die regelmäßige Überprüfung.

3. Der Weg zum Ziel kann mithilfe von Eckpunkten definiert und die nächsten kleinen Schritte sollten genau beschrieben werden; aber die Details sollten nicht zu kleinräumig über den ganzen Weg geplant werden, denn jeder Plan wird irgendwann von der (überraschenden) Wirklichkeit überholt.

4. Das alles klappt nur, wenn Du durchhältst. Gib nicht auf, bleib dran. Dabei gilt: Lieber ein wenig Zeit und Energie pro Tag investieren als einmal die Woche ganz viel Zeit investieren. Das hilft Dir dabei, es zu schaffen.

5. Schreib ein Tagebuch über den Fortschritts- und Veränderungsprozess.

Unterstützung suchen und die Perspektive wechseln

Hast Du einen Partner, mit dem Du durchs Leben gehst? Erzähl ihr oder ihm, was Du vorhast und bitte die Person, dass Du ihr immer wieder die Ergebnisse Deiner Aufgaben vorstellen darfst. Es sollte ein Mensch sein, dem Du vertraust. Die Rolle des Partners/Vertrauten/Freund ist, nachzufragen, wenn dieser Person etwas unklar ist. Fällt ihr etwas auf, so teilt sie ihre Gedanken mit Dir. Du lässt dann ihre Kommentare in Deine Überlegungen einfließen. Vielleicht hat sie aber auch Lust, dieselben Aufgaben zu lösen und einen ähnlichen Weg einzuschlagen, und Ihr könnt Euch dann gegenseitig unterstützen und weiterhelfen. Das wäre die beste Lösung. Warum? Im Team geht so etwas besser. Wir Menschen wollen zwar gerne individuell sein, aber wir sind Herdentiere. Es geht uns gut, wenn wir in Gemeinschaft etwas tun. Der innere Schweinehund wird dadurch eher ausgetrickst. Bist Du mit Deinem Teampartner zum Arbeiten an den Aufgaben verabredet, kommt der Gedanke, doch lieber auf dem Sofa zu sitzen und nichts zu tun, gar nicht erst auf.

Oder Du schaust nach einem Menschen, dem Du vertraust, der aber eine gewisse Distanz zu Dir hat. Weil er Dich nicht so gut kennt, könnte er einige überraschende Fragen zu Deinen Überlegungen, Zielsetzungen, Planungen und Ergebnissen stellen. Auf meiner Wanderung habe ich ein wunderschönes Foto gemacht, das anschaulich verdeutlicht, was ein anderer Blickwinkel bedeuten kann. Ich erinnere mich – ich bin in Südnorwegen unterwegs in den Bergen, der Bilderbuchsommer 2014 ist vor kurzem zu Ende gegangen. Gewöhnt an 30 Grad im Schatten über die letzten zwei Monate, fühlen sich die 10 Grad am frühen Morgen und auf der Höhe von 800 Meter kalt an. Feuchte Wolken umwehen mich. Als es Zeit ist für eine Mittagspause, suche ich einen geschützten Platz. Nach einer Weile sehe ich eine Ansammlung von größeren Felsbrocken, die mir etwas Schutz bieten können. Erst gehe ich an einigen großen Steinen vorbei, finde ein Plätzchen, drehe mich um und setze mich hin. Die Felsen, die eben noch wie wahllos dahin gewürfelt aussahen, stellen zu meiner Überraschung aus diesem anderen Blickwinkel einen sitzenden Mann mit Hut dar. Nur weil ich aus einer anderen Richtung geschaut habe, sehe ich jetzt ein tolles Fotomotiv aus riesigen Felsbrocken vor mir.

Genauso ist es, wenn Du jemand anderem Deine Arbeitsergebnisse erzählst:

Weil Dein Gesprächspartner andere Erfahrungen, anderes Wissen und eine andere Persönlichkeit hat, betrachtet er das, was Du ihm erzählst, auf eine ganz andere Weise. Seine Meinung ergänzt und verbessert Dein Bild über alles, was Du Dir im Laufe dieses Buches erarbeiten wirst. Und das gilt auch, wenn Du mit einer gegenteiligen Sicht konfrontiert wirst.

Hast Du im Moment niemanden, der mitmachen will und Dich unterstützen kann? Warte nicht auf ihn oder sie, leg einfach los, und zwar jetzt. Er oder sie wird sich noch finden. Aber sie/er ist so wichtig, dass Du nach ihr/ihm suchen solltest. In einem Seminar entsteht durch das Miteinander der Teilnehmer eine enorme Dynamik. Sie helfen sich gegenseitig, hören einander zu und teilen ihre Beobachtungen. Das Gespräch hilft allen, gute Fortschritte zu machen. Damit das für Dich genauso gut wird, brauchst Du einen Gesprächs- und Diskussionspartner.

Und noch etwas: Verkneife es Dir, erst das ganze Buch zu lesen mit dem Plan, dann die Übungen zu machen. Das führt zu nichts, weil Du wahrscheinlich das Buch nicht noch einmal von vorne lesen wirst, nur um die Arbeitsaufgaben zu machen.

Immer, wenn Du eine Aufgabe, einen Schritt gemacht hast, belohne Dich dafür. Du weißt selbst am besten, was Dir eine kleine Freude macht (ein Stück Schokolade, zum Fußball ins Stadion gehen, mit der besten Freundin ausgehen oder einfach nur quatschen, eine Massage, ein heißes Bad ...). Und es soll auch Spaß machen!

Zum Üben und Weiterdenken

➤ Hier kommt die erste Aufgabe (die meine Seminarteilnehmer früher bereits zu Hause als Einstimmung gemacht haben).

➤ Bevor Du beginnst: Nimm Dein Smartphone und lege es in ein anderes Zimmer.

➤ Erstelle eine Liste auf Deinem Blatt Papier. Auch wenn der Einstieg einfach klingt: Mache Dich mit mir auf die Reise. Gib Dir 20 Minuten Zeit.

➤ Die Frage, zu der Du die Liste erstellst, lautet: Was würdest Du machen, wenn Du sechs Monate freie Zeit hättest? (Nicht weiterlesen, erst die Frage beantworten).

3.Wie findet eine Berufswahl statt?

In meinem Umfeld gibt es eine Person, die im Laufe Ihres Lebens viele Berufe ausgeübt hat. Zuerst wurde sie mit 16 Jahren als Fremdsprachenkorrespondentin ausgebildet. Aber das passte anscheinend nicht, und sie war jung und ungebunden, und damit auch mutig genug, noch einmal etwas anderes zu starten. Sie begann eine Lehre bei einem tschechischen Meister der Kunst des Glasblasens. Wenn man aus einer Künstlerfamilie stammt, dann bleibt der Apfel oft nahe am Stamm liegen. Der Berufswunsch entstand also aus dem Umfeld heraus, in dem sie groß geworden war. War es wirklich ihr Berufswunsch? Scheinbar ja, denn im Anschluss an die Ausbildung entschied sie sich, auch noch eine Schule für Glasdesign zu besuchen. Und dann folgten sehr viele Jahre, in denen sie wunderschöne Gläser herstellte und auch eine interessierte Kundschaft fand.

Als sie schon manchen Glasschrank gefüllt hatte, wollte sie noch einmal etwas anderes unternehmen und ließ sich in Qi Gong ausbilden, denn sie machte die chinesischen Übungen selbst sehr gerne. Bald gab sie Kurse und hatte sehr viel Freude daran, und es wurden etwas weniger Gläser. Als sie schon über 50 war, entschied sie sich, eine Ausbildung als Heilpraktikerin zu machen. Noch einmal über mehrere Jahre neben vielen anderen Aktivitäten die Schulbank zu drücken und zu lernen – das fällt im gesetzten Alter im Vergleich zu einem jungen Menschen schwer. Trotz der hohen Durchfallquote hat sie die Prüfung im ersten Anlauf bestanden, führt heute ihre eigene Praxis und ist glücklich. Als sie ihr Elternhaus ausgeräumt hat, hat sie einen Brief von sich selbst gefunden, den sie als 15-Jährige an ihre Eltern geschrieben hatte. Darin stand ihr Berufswunsch: Heilpraktikerin. Sie hatte diesen Wunsch zwischenzeitlich völlig vergessen, ist aber irgendwann doch bei ihrem Ziel angekommen. Mancher würde sagen: „auf Umwegen", aber vielleicht war es auch eine notwendige Entwicklung, denn als 16-Jährige hätte sie wahrscheinlich nicht Heilpraktikerin werden können.

Von der Schwierigkeit, im jungen Alter eine Berufsentscheidung zu treffen

Was zeigt uns dieses Leben? Zum einen: Wenn ein junger Mensch bereits mit 16 Jahren eine Ausbildung beginnt und damit den ersten Schritt hin zu einem bestimmten Beruf geht, wird es ihm schwerfallen zu verstehen, was dieser Beruf überhaupt später erfordern wird. Es fehlt an Lebenserfahrung, um das überhaupt einschätzen zu können. Da helfen natürlich Praktika während der Schulzeit, aber das gibt auch nur Einblicke in ein bis zwei Berufe, und nicht in die Vielfalt der Möglichkeiten in unserer westlichen Welt. Dabei spielt das Elternhaus eine wichtige Rolle. Zumindest in der Vergangenheit ergriffen junge Menschen häufig einen ähnlichen oder sogar denselben Beruf wie ein Elternteil. Das Kind soll etwas Solides lernen, damit die nötige Sicherheit von Anfang an da ist. Und ob etwas solide ist, können die Eltern meistens bezüglich des eigenen Berufs bewerten. So kommt es, dass die Eltern zumindest einen großen Einfluss auf die Berufswahl haben. Dabei kann es natürlich durchaus sein, dass die Interessen des Jugendlichen getroffen werden. Oder dieser ist froh, dass ihm die Entscheidung abgenommen wird. Denn in einem Alter bis zu 18 oder 19 Jahren wissen nicht viele, was sie wollen. Und sie werden es auch mit Unterstützung, wie zum Beispiel durch die Berufsberatung, (noch) nicht wirklich wissen. Ein anderer Weg ist der über den Freundeskreis, denn die Alterskameraden haben ja ein ähnliches Problem und müssen sich ebenfalls informieren und entscheiden. Wenn der Trendsetter in einer Clique sich entschieden hat oder jemand es für ihn getan hat, dann kommt es nicht selten vor, dass die anderen das Gleiche machen wollen. Das spart die Anstrengung, sich selbst Gedanken machen zu müssen, und obendrein neigt der

Mensch in diesem Alter sowieso dazu, so sein zu wollen wie die Freunde. Denn es gilt:

Alle wollen individuell sein, aber wehe, einer ist anders!

Darum wird dann vor allem bei den 16- bis 17-Jährigen nicht unbedingt die Ausbildung oder der Beruf gewählt, der den Neigungen und eigenen Wünschen entspricht. Das muss aber kein Beinbruch sein, wie das Beispiel oben zeigt.

Der Heilpraktikerinnen-Fall zeigt zum zweiten: Nach einer zwei- bis dreijährigen Ausbildung ist aus dem Jugendlichen ein Erwachsener geworden, und er kann beurteilen, ob ihm sein Beruf gefällt. Wenn es passt, prima. Dann aber stellen sich andere Fragen, wie etwa die, wie es nun weitergehen soll. So mancher blickt über den beruflichen Tellerrand und stellt fest, dass es auch noch etwas anderes gibt. Ist er jetzt mit dem ergriffenen Beruf nicht zufrieden, steckt er in einer Zwickmühle. Große finanzielle Sprünge kann er sich beim Berufsstart nicht erlauben, am besten lebt man also zu Hause bei den Eltern. „Endlich richtig Geld verdienen" – das lockt dann viele, obwohl der Job nicht so richtig passt. Auch da kommen wieder die Freunde ins Spiel, die plötzlich ein cooles Auto haben oder es sich leisten können, zu Hause auszuziehen: Freiheit – endlich. Wer kann diesen Aussichten schon widerstehen. An den höheren Geld-Standard hat sich der junge Mensch schnell gewöhnt. Daher ist es sehr schwer, die eigene Situation selbstkritisch zu beleuchten. „Ist das der Job, den ich machen möchte, werde ich im Großen und Ganzen abends zufrieden nach Hause gehen?" Dann Nein zu sagen und die Reißleine zu ziehen, ist schwierig und dem sozialen Umfeld auch nicht so leicht zu vermitteln. Allerdings: Wenn der junge Mensch jetzt durch die erste Berufserfahrung eine Vorstellung darüber hat, was er wirklich machen möchte, dann ist das ein günstiger Zeitpunkt, das Ruder noch herumzureißen und etwas anderes anzufangen. Denn der Betroffene hat sich noch nicht an das vollere Portemonnaie gewöhnt und die Zeit bei den Eltern kann bei beiderseitigem Einverständnis noch verlängert werden. Wenn man den Mut dazu hat.

Kommen wir zu einem dritten Aspekt: Es ist nie zu spät. „Veränderung ist möglich, solange der Körper noch warm ist" (Frank Farrelly). Es ist von den persönlichen Lebensumständen abhängig, wann der Einzelne sich aufmacht, seinen Traumberuf zu finden und zu ergreifen. Das kann in jungen Jahren sein, das kann aber auch erst einige Jahre vor dem Rentenalter sein. Und bei aller Diskussion über das Renteneintrittsalter: Wenn der Beruf Spaß macht, ist es viel leichter, bis 67 Jahre, oder wo immer die Grenze in Zukunft sein wird, zu arbeiten.

Alles hat seine Zeit. Das ist der vierte Punkt, durch den das Beispiel mit der Heilpraktikerin auch für Dich an Bedeutung gewinnt.

Vielleicht braucht es die verschiedenen Schritte, um am Ziel anzukommen. Eventuell hätte die Reihenfolge der Berufe eine andere sein können, weil jeder Abschnitt wichtig war, also das Wann keine so große Rolle spielte. Die erste Ausbildung trifft vielleicht nicht den Traumberuf, aber manchmal ist sie der Startpunkt für einen ganz anderen Beruf, der sich erst danach entwickelt. Als Beispiel mag hier ein Kollege von mir dienen, der einen technischen Beruf gelernt hatte. Kaum war er in einem Maschinenbauunternehmen, lernte er dort das ganze Spektrum der verschiedenen Möglichkeiten kennen. Mit diesem viel breiteren Wissen stellte er fest, dass seine wahre Bestimmung im Personalwesen lag. Eine gute abgeschlossene Ausbildung ist immer ein guter Startpunkt. Entscheidend aber ist, egal ob im Fall der Heilpraktikerin oder des Technikers, dass die Umwege doch noch zum „richtigen" Ziel geführt haben. Die beiden Beispiele zeigen Dir auch, dass es viele Wege zu Deinem Beruf geben wird: Es gibt kein richtig oder falsch, kein perfektes Muster. Dein persönlicher Weg wird Dein eigener sein.

Zum Weiterdenken

➢ Schreib auf einen Zettel, was Du tun würdest, wenn Du im Lotto eine Million Euro gewinnen würdest? Na, das geht Dir doch locker von der Hand, oder? Danach bitte weiterlesen.

4. Was machst Du am liebsten, was magst Du überhaupt nicht?

Dieses Kapitel ist ganz der Übung und der Arbeit gewidmet: Nimm Dir zwei leere DIN-A4-Seiten, eine für Deine Vorlieben und die andere für Deine Abneigungen. Setze Dich auf einen Balkon/Terrasse oder an einen Ort, wo Du Dich entspannen kannst. Du sollst nicht angestrengt darüber nachdenken, denn das ist eher hinderlich. Schreibe alles auf, was Dir einfällt. Das können einzelne Tätigkeiten sein oder ganze Hobbys. Durchforste dabei alle Bereiche Deines Lebens: Familie, Sport, Hobbys, Beruf, Freunde, ehrenamtliche Tätigkeiten, Freizeit ... – alles ist wichtig. Die folgenden Fragen können Dir helfen:

➢ „Was habe ich schon als Kind immer gerne gemacht?"

➢ „Welche Aufgaben habe ich immer freiwillig übernommen?"

➢ „Welche Herausforderungen sind immer bei mir gelandet?"

➢ „Was macht mich so richtig zufrieden?"

➢ „Wann geht es mir gut, was habe ich davor gemacht?"

➢ „Warum übe ich meine Hobbys gerne aus?"

➢ „Wofür bewundern mich andere?"

- ➤ „Wofür bekomme ich immer wieder Anerkennung?"
- ➤ „Womit lenke ich mich gerne ab?"
- ➤ „Was stresst mich an meinem heutigen Job, was macht mich krank, welcher Teil gefällt mir?"
- ➤ „Welche Bedingungen müssen herrschen, damit ich mich wohlfühle?"

Manches, was Du aufschreibst, hat Dir jemand ins Ohr geflüstert oder Dir direkt ins Gesicht gebrüllt. Viele Menschen haben auf Dich Einfluss genommen und Dir vorgeschrieben, wie Du zu sein hast (zum Beispiel wie Du Dich als Frau oder als Mann zu verhalten hast). Und vor allem, was Du nicht zu sein hast. Weil sie es aus ihrer Sicht beurteilt haben, nicht aus Deiner. Dadurch wurden Wünsche und Leidenschaften, die Du tatsächlich hattest, zugeschüttet. Du hast sie bewusst oder unbewusst von Deiner Traumliste gestrichen, um etwa dem Rat Deiner Eltern oder Lehrer zu folgen oder Deinen Freunden zu gefallen.

Hole genau diese Wünsche und Träume wieder heraus, denn Du willst nicht jemand anderes sein, sondern Du selbst.

Schau Dir noch einmal die erste Frage an: „Was habe ich schon als Kind immer gerne gemacht?" Du kannst Dich nicht erinnern? Aber ganz bestimmt gab es Dinge, die Du als Kind gerne gemacht hast. Frag nach der Übung Deine Geschwister, Deine Eltern, Deine Großeltern oder auch Freunde. Du wirst staunen, was sie Dir erzählen werden. Häufig tauchen in diesen Geschichten Deine Lieblingstätigkeiten auf, von denen Du gar nichts mehr wusstest. Hier waren Deine Leidenschaften noch unverstellt und unbeeinflusst.

Bei manchem wird sich der Zettel mit den unangenehmen Sachen schnell füllen. Das ist völlig in Ordnung, denn es ist wichtig zu wissen, was man nicht will oder mag. Am Ende der Übung sollten beide Zettel ungefähr gleich voll sein. Sollte Dir später noch etwas einfallen – zum Beispiel beim weiteren Lesen des Buches oder bei einer anderen Übung – oder sollte die Familienbefragung zu weiteren Ergebnissen führen, dann füge dies den beiden DIN-A4-Seiten hinzu.

Ach so, für die Zeit der Übung gilt, das Smartphone bitte aus dem Zimmer zu verbannen, es lenkt Dich ab, allein indem es in Deiner Nähe herumliegt.

Und los geht's – und nicht weiterlesen!

5.Mut zum Experiment: Probiere beruflich etwas Neues aus

Wie lebt es sich nach vielen Jahren in einem Beruf, wenn Du morgens nicht gerne hingehst und den ganzen Tag lang eigentlich nur darauf wartest, dass Du endlich nach Hause gehen und in ein glücklicheres Dasein wechseln kannst, das Dir hoffentlich mehr Zufriedenheit gibt? Vielleicht haben sich aber auch die Zeiten geändert, und was Dir früher noch Freude gemacht hat, langweilt Dich seit einiger Zeit. Bei aller Diskussion über das Thema Burn-out – es gibt auch den Bore-out. Das auf Fach- und Führungskräfte spezialisierte Personaldienstleistungsunternehmen Robert Half International hat 2017 eine Studie veröffentlicht, nach der 60 Prozent der Beschäftigten in ihrem Job chronisch gelangweilt sind. Darüber wird aber kaum gesprochen, denn wer möchte schon, dass die Firma weiß, dass man nicht ausgelastet ist oder die übertragenen Aufgaben zu einfach sind. Da wird lieber so getan, als wenn man sehr gut oder gar über Gebühr ausgelastet ist. Und zu was führt die Langeweile? Zu denselben Symptomen wie ein Burn-out, Du wirst krank. Wenn Du also weißt, was Du gerne machen möchtest, und wenn die entsprechenden Aufgaben in Deiner Firma vorhanden sind:

Sprich mit Deinem Chef und der Personalabteilung! Trau Dich, denn der Firma kann es nur recht sein, Dich wieder in einer Aufgabe zu wissen, die Du motivierst ausfüllst, die Dich auslastet und an der Du Freude hast.

Gute Arbeit wird am ehesten unter diesen Voraussetzungen geleistet. Natürlich – Dein Chef wird es zuerst nicht so gerne sehen, denn er muss nun einen neuen Mitarbeiter für Deinen Job suchen. Aber auch für ihn gilt: Je motivierter seine Gruppe ist, desto besser sind die Arbeitsergebnisse. Letztendlich nützt Dein Jobwechsel auch ihm. Und genauso solltest Du ihm gegenüber Deinen Wechselwunsch auch begründen.

Wenn es diese Aufgabe in Deiner Firma aber nicht gibt, dann musst Du raus aus dem Unternehmen und Dir auf dem Arbeitsmarkt einen neuen Arbeitgeber suchen. Ich sage ganz bewusst: „musst". Willst Du noch mehrere Jahre oder Jahrzehnte einen Job ausüben, an dem Du keine Freude hast und der Dich unzufrieden macht? Was könnten die Folgen sein? Du hast bereits einen Teil Deines Lebens verschwendet, und Du hast nur eines. Das klingt brachial, und das soll es auch sein. Bedenke: Du stehst schon morgens mit dem Gedanken auf: „Jetzt muss ich da wieder hin, ich wollte, es wäre Wochenende." Ist es aber nicht. Gestresst und verkrampft schleppst Du Dich jeden Tag dorthin. Was ist das Ergebnis? Du bekommst oder hast schlechte Laune und Magenbeschwerden, die mit der Zeit in weiteren gesundheitlichen Verschlechterungen münden. Deine Frau oder Dein Mann hat irgendwann die Nase voll, weil sie oder er jeden Abend einen frustrierten Mann oder eine frustrierte Frau neben sich sitzen hat, und sucht sich jemanden, mit dem das Zusammenleben Freude macht. Deine Freunde haben keine Zeit mehr für Dich und so dreht sich der Teufelskreis immer schneller. Es entsteht eine Negativspirale, zu der je nach Veranlagung auch Depressionen oder Alkoholprobleme gehören. Du nimmst Medikamente, die Deine Stimmung verbessern oder Dich nachts schlafen lassen sollen. Das muss nicht so kommen, es kann aber so sein, und manchmal geht das sehr schnell. Das ist das Risiko, das Du eingehst, wenn Du in Deinem Job bleibst. Hinzu kommt noch die Frustration, dass Du Jahr um Jahr nur die gewerkschaftlich vereinbarte Lohnerhöhung bekommst, denn mit Deiner Motivation wirst Du nie ein Leistungsträger werden. Zu sehen, dass die anderen mehr für den gleichen Job bekommen, nagt gewaltig am Selbstvertrauen, das frisst mit der Zeit Löcher in die Darmwände. Mal ganz abgesehen von der Tatsache, dass Du eines Tages auf Deinem Sterbebett liegst und Dir selbst vorwirfst, dass Du so unsäglich viel Zeit Deines Lebens verschwendet hast. Darum:

Wage das Experiment und probiere beruflich etwas Neues aus!

Das Experiment beginnt bei Dir

Wenn sich das gruselig anhört oder Du findest, ich übertreibe, muss ich Dir sagen: Leider beschreibe ich hier die Wirklichkeit. Und es ist meine Absicht, Dich zu erschrecken. Ein Verwandter von mir arbeitet in einem Altenheim. Er ist sehr belesen und kann gut zuhören und auch spannend und unterhaltsam erzählen. Seine Aufgabe ist es, sich mit den Senioren zu unterhalten, damit sie möglichst lange geistig fit bleiben und Freude an einem guten Gespräch haben. Mit ihm habe ich mich anlässlich einer Beerdigung einmal lange über den Tod unterhalten. Wie leicht oder schwer fällt es den Menschen, den Gang über die letzte Brücke zu machen? Seine Erfahrung ist, dass die Menschen, die mit ihrem Leben zufrieden sind, überwiegend friedlich und entspannt sterben. Wer mit dem Leben hingegen unzufrieden ist, klammert sich krampfhaft an das Leben. Ihr Todeskampf ist meistens langwierig, teilweise grausam. Sie wollen nicht gehen, weil sie dem Versäumten nachtrauern, es aber zu spät ist, es zu korrigieren.

Zu welcher Gruppe möchtest Du gehören?

Wenn Du Dich in Deiner Familie, Nachbarschaft oder Deinem Freundeskreis und ganz besonders in Deiner Firma umschaust, dann gibt es sicherlich auch dort ein tolles Phänomen, das in unserer Gesellschaft sehr wichtig zu sein scheint: Einer muss Schuld haben, wenn etwas schiefgegangen ist oder es Probleme gibt. „Alle anderen, nur ich nicht" – so der Tenor. Am besten ist dies in politischen Debatten zu beobachten: Es wird ständig versucht, dem Politiker der anderen Partei die Schuld nachzuweisen, um sich selbst einen Vorteil zu verschaffen. Oder auch in vielen Firmen, in denen jede Menge Zeit mit völlig wertlosen Diskussionen zugebracht wird, um jemandem die Schuld zuzuweisen. Darüber wird ganz vergessen, das Problem anzupacken und zu lösen. An die eigene Nase fassen? Fehlanzeige.

Kommt Dir das irgendwie bekannt vor? Ich fürchte, es trifft auch auf Dich und mich zu. Denn so gut wie jeder Mensch nutzt diese Strategie: Ich hasse meinen Job, ich bin unzufrieden – aber ein anderer (der Chef, die Firma und so weiter) ist schuld daran. Da bin ich selbst fein raus, denn dann muss dieser schuldige Jemand etwas dagegen unternehmen. Und nicht ich, da ich doch schuldlos bin. Ich lege die Hände in den Schoß und tue ... nichts. Das klingt doch irgendwie verrückt, oder? Leider ist da sehr viel Wahres dran. Das Resultat ist, dass wir den einfachen Weg gehen, statt das Problem anzuerkennen und es als unseres zu akzeptieren. Erst wenn wir Letzteres getan haben, werden wir uns damit befassen können, wie sich die Situation verbessern lässt. Und wie? Vor allem durch uns selbst.

Bevor Du also den Mut zu dem Experiment aufbringen kannst, beruflich etwas Neues oder Anderes auszuprobieren oder Dir eine neue Aufgabe und Herausforderung zu suchen, brauchst Du die leidvolle Einsicht, dass Du Teil des Problems bist und nur einer es lösen kann: Du selbst!

Du musst Dich klar dafür entscheiden, dass Du etwas für Dich verbessern willst.

Zu viele erkennen ihre Situation nicht oder wollen sie nicht sehen, denn ein Wechsel des Jobs oder sogar des Berufes bedeutet immer auch ein Risiko. Je älter Du bist und je mehr Du besitzt, umso mehr meinst Du, etwas verlieren zu können. Allerdings: Das Risiko ist meines Erachtens kleiner als die Nachteile und Probleme, die ich gerade aufgezählt habe. Betrachten wir doch einmal die Situation, wie sie ist: Du befindest Dich in einer ungekündigten Stellung, das heißt, jeden Monat erhältst Du Dein Gehalt. Wenn Du Dich bei anderen Firmen bewirbst, ist also so lange nichts Entscheidendes passiert, bis Du unterschrieben hast. Außer dass Deine Stimmung sich hebt, weil Du endlich etwas unternimmst. Die Aussicht, wieder mit Freude zur Arbeit zu gehen, macht bereits jetzt aus Dir einen freundlicheren Lebenspartner, einen geduldigeren Vater, und Dein innerer Stress reduziert sich. Du gehst bereits jetzt wieder beschwingter zur Firma, obwohl es noch der alte Job ist. Wie groß ist das Risiko, wenn Du dann bei einer anderen Firma unterschrieben hast? Ja, das bedeutet ein Risiko. Aber das kannst Du minimieren, wenn Du in den Vorstellungsgesprächen die richtigen Fragen stellst. Natürlich willst Du genau wissen, wie der Job ausgestaltet ist. Aber weitere wichtige Fragen sind, ob Du von der Kultur her in diese Firma passt und die Chemie zwischen Deinem neuen Chef und Dir passt.

Ich habe es in meinem Arbeitsleben selten erlebt, dass sowohl der Kandidat als auch der neue Chef aufgrund der falschen Einschätzung der Situation der Meinung waren, es solle zu einer Anstellung kommen. Der Vertrag wurde also nur unterschrieben, weil sich beide getäuscht haben. Sobald aber nur einer merkt, dass es nicht passt, wird es keine Vereinbarung geben. Du kannst das Risiko auch dadurch reduzieren, dass Du in den Gesprächen genau der bist, der Du bist, und nicht versuchst, etwas vorzugeben, was Du hinterher nicht halten kannst. Sei authentisch, damit keiner eine falsche Vorstellung von Dir entwickelt. Und was das verbleibende Restrisiko angeht: Was ist das Schlimmste, was passieren kann? Die Firma (oder Du) entscheidet sich in der Probezeit, dass es nicht so funktioniert wie gedacht, und man trennt sich. Das Risiko ist, dass Du eine bestimmte Zeit lang vom Arbeitsamt leben musst. Du solltest darum einen finanziellen Puffer bilden und Deine Ersparnisse dafür einsetzen und nutzen. Die Zeit ist ja da, um Dich darauf vorzubereiten. Im Einsatz Deiner Ersparnisse liegt also Dein größtes Risiko.

Fassen wir noch einmal zusammen, was ist das Schlimmste, was Dir passieren kann:

1. Du hast Deinen alten Job gekündigt und den neuen verlierst Du in der Probezeit.
2. Du hast Dich nicht auf diesen Fall vorbereitet.
3. Du hast wieder den falschen Job/Beruf ausgewählt.
4. Du passt nicht in die neue Firma.
5. Was fällt Dir noch dazu ein?

Erstelle für die Folgen, die aus Deiner Sicht am schlimmsten sind, jeweils einen Plan, wie Du genau diese Nachteile verhindern kannst. Damit reduzierst Du das Risiko entscheidend und Deine Sorgen werden kleiner oder verschwinden. Ängste sind unser Schutzmechanismus, sie helfen uns, die Gefahren zu sehen.

Aber was kannst Du im Vergleich dazu gewinnen? Da das für jeden etwas anderes sein wird, hier nur ein paar Ideen zu möglichen Vorteilen:

1. Du gehst morgens mit Freude zur Arbeit.
2. Du bist abends zufrieden mit dem, was Du geschafft hast.
3. Du bist ausgeglichen.

4. Du bist eine gern gesehene Kollegin oder ein gern gesehener Kollege.
5. Du hast wieder Erfolg in Deinem Job.
6. Dein Lohn/Gehalt steigt, weil Du gute Leistung erzielst.
7. Deine gesundheitlichen Probleme verschwinden.
8. Ich bin sicher, Dir fallen noch ein paar Vorteile mehr ein. Schreib sie auf und überzeuge Dich selbst.

Wer beruflich etwas Neues ausprobieren und das Experiment wagen will, muss meistens eine Entscheidung fällen. Die Menschen gehen dabei sehr unterschiedlich vor. Die einen fällen aus dem Bauch heraus eine Entscheidung und machen es einfach. Kommen Schwierigkeiten auf, dann lösen sie diese in dem Moment, in dem sie auftauchen, also eher spontan. Und die anderen gehen mit Umsicht vor, indem sie genau planen und mögliche Risiken vorher zu erkennen und auszuschalten versuchen. Wer am Ende das Ganze besser bewältigt, will ich nicht beurteilen, denn beide Vorgehensweisen können zum Erfolg führen. Und manchem gelingt es auch mit einer Mischung aus beidem. Wichtig für Dich ist, bei allem gelassen zu bleiben sowie Vertrauen in Dich selbst und das Schicksal zu haben. Lass die Vorfreude auf den Erfolg größer sein als die Furcht vor dem Scheitern.

Durch gute Planung wird aus der Angst vor dem Experiment, beruflich etwas Neues auszuprobieren, Mut, der bei Dir eine hohe Umsetzungsenergie freisetzt.

Willenskraft entfalten

Motivation ist immer gut, um etwas zu schaffen. Aber Du brauchst vor allem den Willen, es zu tun. Der Wille macht Dich stark, durchzuhalten. Und er entfaltet sich dann, wenn Du das Ziel als vernünftig ansiehst. Mach Dir klar, warum Du es anstrebst. Erstell dazu eine kleine Liste – die Liste mit jenen acht Punkten oben soll Dir als Beispiel dienen. Sie wird Dir helfen, dass Du bei der Stange bleibst und Du Dir Deiner selbst sicher sein kannst. Du wirst Dir selbst das liefern, was Du Dir vorgenommen hast. Wenn wir etwas für andere tun, dann versprechen wir ihnen, dass wir es machen, oder wir schreiben es auf, manchmal sogar in einem Vertrag. Damit haben beide Seiten die Gewissheit, dass es tatsächlich passiert. Ich empfehle Dir, dass Du auch für Dich selbst eine solche Verbindlichkeit herstellst. Wie Du das machst, ist für jeden anders. Hier ein paar Hinweise dazu:

➢ Definiere die Dinge klar und schriftlich.
➢ Gehe in messbaren, nachvollziehbaren und machbaren Schritten vor.

➢ Erzähl einer vertrauten Person, was Du vorhast.

➢ Folge konsequent dem Motto: „Ich sage, was ich tue, und ich tue, was ich sage."

Zum Nach- und Weiterdenken

In „Hectors Reise oder die Suche nach dem Glück" von François Lelord heißt es: „Hector fragte Jean-Michel, ob er glücklich sei. (...) ‚Ich stelle mir die Frage gar nicht, aber ich glaube, ich bin es. Ich mache eine Arbeit, die ich liebe, ich weiß, dass ich sie gut mache, und außerdem fühle ich mich hier wirklich nützlich. Und dann sind die Leute freundlich zu mir, du hast ja gesehen, wir bilden ein richtiges Team. (...) Hier hat jeder meiner Tage einen Sinn.'"

➢ Was bedeutet für Dich Glück?

➢ Was bedeutet für Dich Glück im Beruf?

➢ Gibt es für Dich einen Unterschied zwischen Zufriedenheit und Glück? Welchen? Denk eine Weile über die drei Fragen nach, dann geht es weiter.

6.Beschäftige Dich mit Deinen Glaubenssätzen und Werten

In diesem Kapitel wollen wir herausfinden, welche Glaubenssätze Du in Dir trägst und welche Werte Dir wichtig sind. Dazu müssen wir uns zunächst einmal mit der Frage beschäftigen, wer oder was uns als Mensch formt. Von Geburt an – und sogar schon davor – hinterlassen jedes Ereignis und jedes Gefühl einen Eindruck in uns, manche nur ein wenig, andere so stark, dass es unsere Persönlichkeit nachhaltig formt. Wer und was kann das sein? Unten findest Du eine Mindmap (was das ist, erkläre ich weiter unten), die einen Überblick dessen darstellt, was meine Seminarteilnehmer miteinander erarbeitet haben.

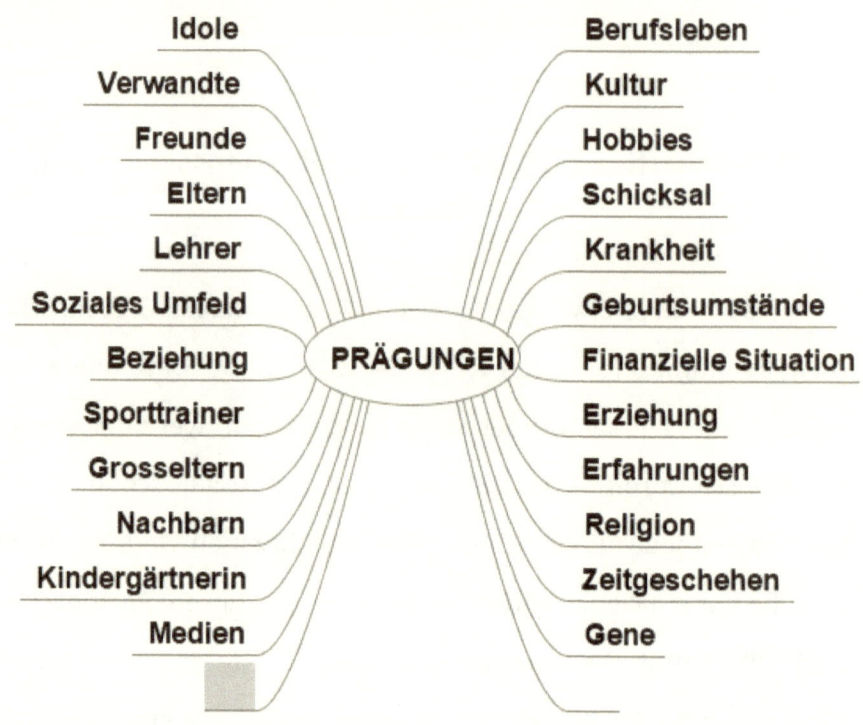

Bild-Nr.1: Wer oder was formt einen Menschen?

Welche Glaubenssätze hast Du?

Beginnen wir mit den Glaubenssätzen: Ich will mithilfe einer Geschichte ein Beispiel nennen, wie Glaubenssätze entstehen und wie kraftvoll sie wirken können, im Guten wie im Schlechten. Der Mann in dieser Geschichte ist Vater. Er hat sich einen Sohn erhofft, es wird aber ein wunderbares Mädchen. Wenn der Vater im Garten arbeitet, dann will sie ihm immer helfen, beim Graben, beim Jäten oder beim Ernten. Er reagiert darauf immer wieder mit den Worten

42

„Das kannst Du nicht". Das Interesse am Garten kann er ihr nicht nehmen (was auch hätte passieren können), denn ihr größtes Hobby als Erwachsene ist, in ihrem Garten zu arbeiten. Aber die Worte „Das kannst Du nicht" sind tief in ihrem Unterbewusstsein als Glaubenssatz verankert, so dass sie bei fast jeder vor ihr liegenden Aufgabe große Zweifel hat, ob sie diese bewältigen kann. Erst als sie sich dieses Glaubenssatzes, seiner Herkunft und Entstehungsgeschichte bewusst wird und Jahre lang daran arbeitet, gelingt es ihr, ihn Stück für Stück zurückzudrängen und mit neu gewonnenem Selbstbewusstsein voranzuschreiten.

Glaubenssätze befinden sich nicht in unserem Verstand, sondern im Unterbewusstsein. Ein weiteres Beispiel, das wir alle kennen, ist: „Ein Junge weint nicht." Sie stecken tief in uns und bestimmen unser Handeln viel mehr, als wir es wahrhaben wollen. Je nachdem, welchen Wissenschaftler man fragt, lautet die Antwort, dass 75 bis über 90 Prozent unserer Handlungen und Entscheidungen aus dem Unterbewusstsein stammen. Das hört keiner gerne, der sich bei klarem Verstand glaubt und meint, er hätte sein Handeln bewusst im Griff. In Wahrheit ist dies nicht der Fall. Für uns heißt das, dass wir erkennen müssen, was uns geformt und zur Entstehung solcher Glaubenssätze geführt hat. Welche Sätze sind in uns verborgen und leiten unsere Gedanken? Erst wenn wir manche davon herausfinden und verstanden haben, haben wir eine Chance, einen Glaubenssatz zu hinterfragen und uns von ihm zu befreien oder ihn positiv zu nutzen.

Übung zu Deinen Glaubenssätzen

Es gibt zahlreiche weitere Glaubenssätze, die wir oft als innere Botschaften in uns tragen, häufig, ohne es zu wissen. Hier eine kleine Auswahl:

➢ Sei lieb!

➢ Sei nicht laut!

➢ Sei kein Kind!

➢ Sei perfekt!

➢ Fühle nicht!

➢ Denke nicht!

➢ Mach es sofort!

➢ Streng Dich an!

➢ Sei stark!

➢ Mach es mir recht!

➢ Sei fleißig!

➢ Sei kein Feigling!

➢ Ich bin doof!

Schau sie Dir in Ruhe an und reflektiere für Dich ungefähr 15 Minuten lang, welche davon für Dich gelten. Wenn welche fehlen, die Dich betreffen, dann schreib sie auf ein Blatt Papier. Hast Du damit Schwierigkeiten, dann frag Deine Verwandten z. B. Geschwister und Freunde. Sie sehen von außen mehr, als Du selbst über Dich weißt. Erst dann geht es weiter mit den Werten.

Welche Werte sind wichtig für Dich?

Kommen wir nun zu den Werten. Was ist das? Politiker reden gerne davon. Werte sind in meinen Augen der Klebstoff, der eine Gesellschaft zusammenhält, indem sich die Mehrheit mit ihnen identifiziert und sie lebt. Kleines Beispiel gefällig? In „Asterix bei den Schweizern" überschreiten die beiden Helden die Grenze zur Schweiz. Der Wegweiser Helvetia blinkt und blitzt in der Sonne, er strotzt vor Sauberkeit. Der auf der anderen Seite sieht nicht so gut aus. Sauberkeit ist in der Schweiz wichtig. Liegt irgendwo ein Stück Papier herum, wird sich einer der nächsten Menschen, die vorbeikommen, bücken und es entsorgen. Es gibt nur wenige Länder, die so sauber sind wie die Schweiz. Und wer neu hinzuzieht, der lernt sehr schnell, sich ebenso zu verhalten. Übrigens: Die Geschichte zeigt auch: Werte bestimmen, was zu uns passt und was nicht.

Sowohl Glaubenssätze als auch Werte können Dich in positiver und negativer Hinsicht beeinflussen. Ein und derselbe Wert kann Dich weiterbringen oder sehr störend sein.

Nehmen wir wieder ein Beispiel zur Veranschaulichung, nämlich die Sparsamkeit. Das ist bei uns allen positiv belegt, oder? Man legt Geld zurück für schlechte Zeiten, für eine Reise oder die spätere Rente. Schlägt dieser Wert aber über die Stränge, dann wird daraus

Geiz, eine extreme Form der Sparsamkeit, die in unserer Gesellschaft eher negativ besetzt ist.

Bei der Beschäftigung mit unseren Glaubenssätzen und Werten sind drei Punkte von besonderer Bedeutung:

1. Bezüglich unserer Glaubenssätze wollen wir uns natürlich gerne der negativen bewusst werden, weil sie uns in unserer Entwicklung hemmen.
2. Die positiven Glaubenssätze wollen wir nutzen, damit sie uns voranbringen.
3. Werte sind allgemein positiv besetzt, wir müssen die für uns entscheidenden kennen, damit wir einen Beruf suchen und finden können, der zu ihnen passt.

Du kannst jetzt Deine Werte zu Papier bringen, und zwar in einer Mindmap. Was ist das? Die direkte Übersetzung des Begriffes „Mindmap" ist gar nicht so schlecht: eine Gedankenlandkarte. Sie erleichtert es uns, unsere Gedanken zu sammeln, nach Kategorien oder Themen zu ordnen und sich so einen anschaulichen Überblick zu verschaffen. Das Hauptthema steht in einem kleinen Kreis in der Mitte, und auf den abgehenden Strahlen werden die Kategorien in Großbuchstaben notiert. Von dort können unzählige Unterpunkte ausgehen. Diese können dann in Kleinschreibung auf die äußeren Zweige geschrieben werden.

Stell Dir eine Mindmap als einen Baum vor, von dem viele Äste ausgehen und von diesem wiederum Zweige. Schließe kurz die Augen und ruf Dir solch einen Baum mit Ästen und Zweigen vor Dein geistiges Auge.

Bei der Erstellung und Bearbeitung sind der Fantasie keine Grenzen gesetzt. Zum Beispiel können Farben oder Verbindungsstriche eingesetzt werden, um zusammengehörige oder wichtige Punkte zu markieren. Ich habe in meinem Berufsleben sehr häufig Mindmaps benutzt, bis zur Größe von Wänden, um ganze Unternehmen zu analysieren, die Probleme sichtbar zu machen und Lösungsstrategien zu erarbeiten. Viele Zusammenhänge sind mir erst klar geworden, nachdem die Übersicht es ermöglichte, alle Bezüge auf einen Blick wahrzunehmen. Dazu gibt es übrigens auch Software-Unterstützung, und so konnte ich meine großen Mindmaps auf meinem Laptop überall mit hinnehmen und zur Diskussion an die Wand projizieren. Ich gehe auf dieses Werkzeug auch deshalb näher ein, weil ich empfehle, bei einigen der Übungen eine Mindmap auf Papier anzufertigen.

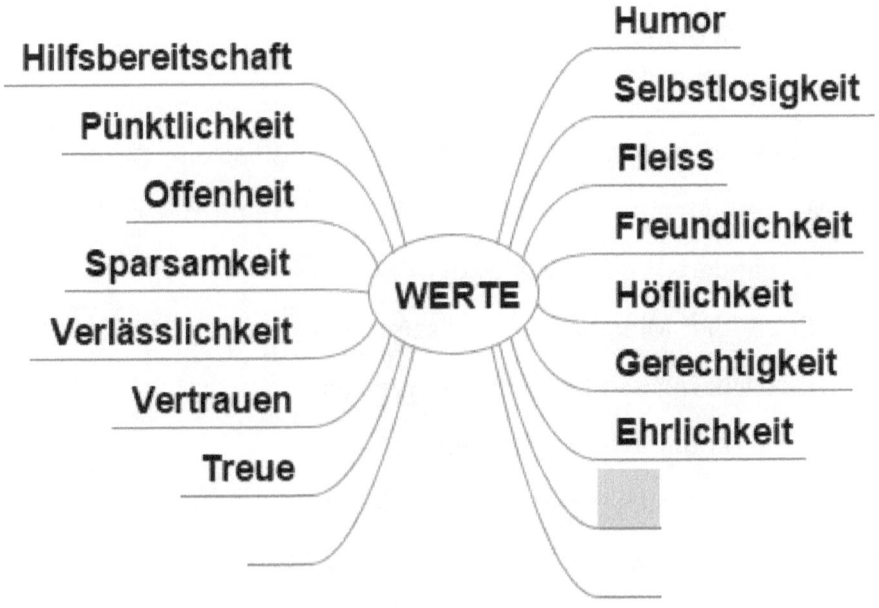

Bild-Nr.2: Beispiel für Werte oder „Was mir wichtig ist"

Übung zu Deinen Werten

➢ Als Anregung findest Du in der obigen Mindmap eine Auswahl an Werten. Aber da Menschen unterschiedlich sind, mögen für Dich ganz andere Werte wichtig sein.

➢ Nimm die Mindmap als Beispiel und erstelle Deine eigene Übersicht mit den Dir wichtigen Werten.

➢ Nimm Dir dafür 20 bis 30 Minuten Zeit.

➢ Um immer mehr Klarheit über Deine Werte zu gewinnen, ist es hilfreich, wenn Du Deine Werte-Mindmap mit einem Gesprächspartner diskutierst und ihm erklärst, warum Du welchen Wert gewählt hast.

Und wo ist Dein Smartphone? Gut so – nicht in dem Zimmer, in dem Du bist, um jetzt konzentriert die Aufgabe zu bearbeiten.

Zügle Deine Neugierde auf das nächste Kapitel und lies erst weiter, wenn Deine Werte auf dem Papier stehen.

7.Wozu überhaupt Karriere machen?

Wenn sich 16- bis 20-jährige junge Menschen gerade entschieden haben, welchen Beruf sie erlernen wollen, dann ist ihnen das meistens schwer gefallen. Und bis sie ausgelernt haben, vergeht auch noch einige Zeit. Die schwierige Frage ist: Wie kann sich der junge Mensch Gedanken über etwas machen, von dem er noch nicht einmal die Grundlagen weiß? Wie soll er sich für etwas entscheiden, dass er ja noch gar nicht kennt?

Auch bei Menschen, die bereits einige Jahre in ihrem Beruf tätig sind, sehe ich Stirnrunzeln, wenn ich Sie auf einen Jobwechsel anspreche. Es läuft doch gerade so schön. Der Lohn oder das Gehalt kommen pünktlich, und das ist doch das Wichtigste, oder?

An dem Begriff Karriere scheiden sich die Geister, denn er ist einseitig mit dem Inhalt belegt, dass ich Chef werde. Aber diese Bedeutung ist in anderen Sprachen und Kulturkreisen nicht gegeben, und bei uns eigentlich auch nicht. Denn vom Ursprung her bedeutet das Wort so viel wie: Fahrstraße (lateinisch: Wagen). Machst Du also eine Ausbildung oder Weiterbildung und schließt diese ab, dann bist Du hinterher schlauer, weißt und kannst mehr. Als Folge davon führst Du Deine Arbeit besser und genauer aus, Du hast also einen Schritt auf der Fahrstraße nach vorne gemacht. Das merkst Du selbst, aber auch Deine Firma. Das ist bereits eine Form von Karriere, denn als Folge davon hast Du Deine Kompetenzen erweitert und kannst schwierigere Jobs erledigen, Deine Aufgaben werden immer anspruchsvoller. Je mehr das der Fall ist, umso komplexere Aufgaben wird Dir Dein Arbeitgeber übertragen. Und wenn Du selbstständig bist, wirst Du umso erfolgreicher in und mit Deiner Firma sein.

Nicht jeder will eine derartige Karriere machen, und jeder dieser Menschen wird seine Gründe dafür haben. Wenn jemand diese Gründe sich selbst gegenüber auch benennen kann und sie für ihn schlüssig sind, prima. Es könnte aber sein, dass die Argumente beim Lesen dieses Buches ins Wanken geraten.

Die ewige Karriere

Denn was eigentlich spricht für eine Karriere, ein Weiterkommen im Beruf? Dazu möchte ich Dir drei Gedanken mit auf den Weg geben. Zunächst einmal: Das Arbeitsleben eines Menschen kann bis zu 50 Jahre lang sein, und manche Menschen wollen gar nicht aufhören zu arbeiten. Für Jugendliche, die gerade in den Startblöcken ihres beruflichen Werdegangs stehen, ist das natürlich eine unvorstellbar lange Zeit. Aber auch wenn ich schon knapp 40 Jahre alt bin, sind es immer noch 30 Jahre. Will ich diese 30 oder 50

Jahre immer das Gleiche tun, eventuell jeden Tag derselben Routine folgen? Es gibt Menschen, für die ist das genau das Richtige. Aber die meisten Mitarbeiter, denen ich diese Frage gestellt habe, gaben mir ein klares Nein als Antwort. Ich kann die gleiche Frage auch andersherum stellen: Wie werde ich mich fühlen, wenn ich bei meinem Eintritt in den Ruhestand oder sogar schon vorher feststellen muss: Es hat mich gelangweilt, hätte ich doch mal etwas Abwechslung gehabt. Am Anfang des Ruhestandes ist es dann wohl zu spät. Zwischendurch, mit zum Beispiel 40 Jahren, kann die Überlegung der Anstoß für einen interessanten Weg sein. Ich für meinen Teil habe es geliebt, wenn etwas Neues dazu kam oder wenn mir die nächste Aufgabe angeboten wurde. Denn „Jedem Anfang wohnt ein Zauber inne" (Hermann Hesse).

Zufrieden und glücklich im Job

Mein zweiter Gedanke dazu ist: Weiterentwicklung im Beruf bringt dem Menschen Zufriedenheit, Selbsterfüllung und Selbstbewusstsein. Wer Herausforderungen gemeistert hat und vorangekommen ist, wächst und gewinnt an Statur. Darüber mag mancher lächeln, für die meisten Menschen ist das aber sehr wichtig. Sie können dann einen Sinn in ihrer Tätigkeit sehen. Sie haben etwas geschafft oder geschaffen, und Herausforderungen und Erfolge mobilisieren unser körpereigenes Belohnungssystem. Und das führt zu Freude und Spaß. Und die Anerkennung von anderen – wie etwa der Familie, Freunden, Kollegen und dem Chef – ist in ihrer Wirkung für das Selbstbewusstsein und die Zufriedenheit nicht zu unterschätzen. Wir erhoffen uns vom Leben so vieles, am liebsten das ganze Füllhorn voll mit schönen Sachen. Es gibt genügend Menschen, die alles haben, und sie sind trotzdem nicht glücklich beziehungsweise zufrieden.

Das Entscheidende ist nicht die Menge oder die Größe, sondern dass wir genau das Richtige, das Passende bekommen – das, was zu unseren Bedürfnissen passt.

Und das ist für jeden etwas anderes, weil wir so unterschiedlich sind. Hast Du das (den Beruf) gefunden, was Du möchtest, dann ist das der wahre Luxus. Ich möchte betonen, dass es hier nicht um den tollen Job geht, um den Dich alle beneiden! In Zeiten der sozialen Netzwerke sind viele stundenlang damit beschäftigt, sich im Netz als tolle Hechte darzustellen und ihre Einzigartigkeit zu betonen. „Seht her, ich bin an dem schönsten Ort, sitze vor dem leckersten Essen, schlürfe den coolsten Drink" – alles natürlich mit Foto. Da die anderen auch alle solche Sachen posten, muss man ja mithalten. Folge ist ein Überbietungswettbewerb, den niemand gewinnen kann. Aber: Jeder, wie er mag. Wenn Du Dir jedoch Deinen Job danach aussuchst, dass Deine Freunde ihn ganz toll finden, dann sitzt Du in der Falle, jahrzehntelang. Hier in diesem Buch geht es um den Job, der Dich selbst zufrieden macht.

Von der Frage, ob Geld glücklich macht

Wenn der erste Lohn auf dem Konto ist, bereitet dies Freude, denn wir arbeiten zuallererst, um zu überleben. Das mag in unserer Wohlstandsgesellschaft etwas merkwürdig klingen, aber wer keine Arbeit hat oder sie gerade verloren hat, der fühlt sofort ein Unwohlsein und fragt sich, wie das denn finanziell weitergehen soll. Ich wünsche keinem dieses Gefühl, denn ich habe es am eigenen Leibe erlebt – darauf gehe ich später noch ein. Aber ein oder zwei Jahre danach sah mein Rückblick ganz anders aus. Es war das Beste, was mir passieren konnte. Und trotz unserer Wohlstandsgesellschaft gibt es immer noch zu viele Menschen, die mit geringem Lohn jeden Monat darum kämpfen, über die Runden zu kommen.

Eine Karriere ermöglicht es, Schritt für Schritt mehr Geld zu verdienen. Und sei jeder einzelne Schritt auch überschaubar: Viele kleine Schritte führen zu einem immer höheren Wohlstand. Wirft da gerade jemand ein, dass Geld nicht glücklich macht? Stimmt, aber nur ab einem Jahresgehalt von über 60.000 bis 70.000 Euro. Darüber gibt es eine ganze Reihe von Untersuchungen, und ungefähr um diese Zahlen pendeln die Ergebnisse. Wer mehr als das verdient, wird dadurch nicht unbedingt glücklicher. Darunter jedoch macht jede Erhöhung glücklicher, wie verschiedene Studien belegen. Oder um es anders auszudrücken: Der Gewinn an Zufriedenheit ist durch eine Gehaltserhöhung umso höher, je niedriger das aktuelle Einkommen ist.

Und darüber? Da macht Geld nicht glücklicher, aber unabhängiger. Vielleicht überzeugt einen 20-Jährigen noch nicht die Aussicht, im Alter finanziell gut abgesichert zu sein. Die aktuelle Diskussion über die „Unsicherheit" der Renten bei gleichzeitiger ständig steigender Lebenserwartung wird viele ab einem gewissen Alter beschäftigen. Der Trick ist, früh genug damit anzufangen, am besten mit dem ersten Gehalt. Der Zinseszinseffekt macht die ersten Berufsjahre für eine Geldanlage besonders lohnenswert, regelmäßig etwas beiseite zu legen. Das will ich an einem Beispiel erklären: Sparst Du ab dem 27. Lebensjahr bis zum 67. Geburtstag jeden Monat 100 Euro in einen breit gestreuten Aktienfond oder ETF z.B. auf den MSCI World an, dann hast Du 100 Euro x 12 Monate x 40 Jahre = 48.000 Euro eingezahlt. Über viele Jahrzehnte gerechnet, betrug die Rendite bei Aktien circa 7 Prozent pro Jahr, trotz mancher Tiefschläge. Wenn Du 67 bist und der Durchschnitt so bleibt, dann liegen auf Deinem Konto 248.645,53 Euro. Es ist die lange Zeitdauer und der Zinseszinseffekt, die die Summe so anschwellen lässt. Zahlst Du lediglich für die letzten zehn Jahre vom 57. bis 67. Lebensjahr ein, werden aus den eingezahlten 12.000 Euro nur 17.208,39 Euro. Je früher Du beginnst, umso besser. Steigst Du bereits mit 17 Jahren ein und ziehst es 50 Jahre durch, dann hast Du im Rentenalter mehr als eine halbe Million Euro auf dem Konto. Jede kleine Erhöhung über jene 100 Euro hinaus zählt. Bei der jährlichen Gehaltserhöhung zum Beispiel die Hälfte des Nettobetrages sofort monatlich dem Sparplan dauerhaft hinzuzufügen, ist eine gute Idee. In seinem Beruf also vorwärts zu kommen und Stück für Stück mehr zu verdienen, und zwar mehr als die normale Gehaltserhöhung, macht einen riesigen Unterschied. Vorausgesetzt Du richtest einen Fondssparplan ein. Keine Sorge, das ist einfach.

Aber Vorsicht:

Wenn Du nicht zufrieden bist mit dem, was du tust, wenn es also bei dem hakt, was ich im zweiten Gedankengang entwickelt habe und Du keine Freude im gewählten Beruf findest, dann wird es schwierig.

Einen Beruf nur nach den Verdienstmöglichkeiten auszusuchen, führt in die Sackgasse, weil er Dir keine Freude bereiten wird. Und ohne Spaß und Freude ist alles nichts. Die fatale Folge ist: Du hast dann auch keinen oder nur wenig Erfolg. Dein Gehalt oder Lohn stagniert. Denn wer zahlt schon mehr für jemanden, der keine gute Leistung bringt.

Zum Nach- und Weiterdenken

Was heißt Karriere für Dich?

➤ Du entwickelst Dich weiter.

➤ Die Chance auf Zufriedenheit erhöht sich.

➤ Dein Einkommen steigt.

Notiere Deine Gedanken dazu und gehe dann zur nächsten Seite.

8.Welche Karrieren sind möglich?

Es gibt viele verschiedene Berufe, in denen Du Karriere machen kannst. Bei den meisten Menschen ist darunter das Thema „Führungskraft und Manager" abgespeichert. Das betrifft aber nur ungefähr 10 Prozent der Menschen, die in einem Industrieland einer Arbeit nachgehen. Da gibt es viel mehr zu entdecken. Zum Glück, denn verschiedene Menschen wollen unterschiedliche Wege gehen. Die folgende Liste soll Dich zum Nachdenken anregen. Sie erhebt keinen Anspruch auf Vollständigkeit, denn der menschlichen Karriere-Kreativität sind keine Grenzen gesetzt. Zum Beispiel gibt es auch Kombinationen aus den beschriebenen Karrieren.

➢ Spezialist
➢ Generalist/Generalist mit Exzellenz
➢ Führungskraft
➢ Ausbilder/Trainer
➢ Unternehmer (intern/extern)
➢ Ideengenerator
➢ Querdenker/Mahner/Kritiker

Lass uns einen Blick auf die verschiedenen Berufe werfen – und auf mögliche Karrierewege.

Der Spezialist

Wenn Du Schmerzen im Knie hast, dann schickt Dich Dein Hausarzt zum Orthopäden, der Dir hoffentlich helfen kann. Brauchst Du leider eine Operation, dann suchst Du gemeinsam mit Deinem Arzt einen Chirurgen, der genau diese Operation schon oft und erfolgreich gemacht hat. Das ist der Spezialist, den Du brauchst.

In Deinem beruflichen Umfeld siehst Du auch Menschen, die etwas besonders gut können. Jeder, der in dieser Richtung eine Frage, ein Problem oder ein Anliegen hat, wendet sich automatisch an diese Person. Dort bekommt er die beste und schnellste Hilfe. Jeder von uns kennt Menschen, an die sich viele mit bestimmten Anliegen wenden. Sie haben sich den Ruf erworben, sich in diesem Fachgebiet bestens auszukennen.

Am Anfang einer Berufsausbildung ist der Lernende weit vom Spezialistentum entfernt. Er lernt zunächst die Grundlagen. In meinem Beispiel oben den Aufbau und das Zusammenwirken des gesamten menschlichen Körpers. Danach folgt die Ausbildung zum Facharzt, und damit beginnt die Spezialisierung. Aber bei der Ausbildung zum Facharzt geht es auch wieder nur um die Grundlagen dieses Spezialgebietes. Nach Jahren des Lernens interessiert sich mein Chirurg für das Knie. Warum? Vielleicht hat er einen guten Lehrer, der sich auch damit auskennt, oder es ist reiner Zufall, dass er mehrere Operationen am Knie zugeteilt bekommt. Vielleicht gab es in seiner Vergangenheit Menschen oder Ereignisse, die sein Interesse geweckt haben, so dass er die bewusste Entscheidung traf: „Das ist mein Ding, das will ich machen!"

Warum ist die Karriere eines Spezialisten erstrebenswert? Er kann sich tief in sein Fachgebiet einarbeiten, kennt jedes Detail und wird von anderen deshalb um Rat und Hilfe gefragt. Damit verbunden sind die Anerkennung der Umwelt und die eigene Zufriedenheit über das eigene Wissen und die damit verbundenen Fähigkeiten.

Der Generalist/Generalist mit Exzellenz

Kennst Du einen Menschen mit zwei rechten Händen? Er kann anpacken, was er will, es funktioniert. Als Beispiel fällt mir ein früherer Freund ein. Er lebte einen für damalige Zeit (1976) ungewöhnlichen Rhythmus: Er arbeitete sechs Monate, bis er wieder genug Geld hatte, um eine ungewöhnliche Reise zu machen (Sahara-Durchquerung, Wanderung von der Mündung bis zur Quelle des Nils in Afrika). Kam er wieder nach Hause, suchte er sich einen Job, und es war immer ein anderer (Mechaniker in einer Druckerei, Bau einer Blockhütte in Skandinavien, Restauration eines alten Bauernhauses). Er konnte sich in viele Probleme hineindenken und Lösungen erarbeiten, er verfügte über die notwendigen handwerklichen Fähigkeiten, sie selbst umzusetzen. Er war ein Generalist und ist nach meinem Wissen am Ende Berufsschullehrer geworden.

Solche Karrieren gibt es nicht nur im handwerklichen Bereich, sondern sie kann sich zum Beispiel auch auf Abläufe in einer Firma beziehen. Ich habe in der Industrie Menschen erlebt, die Du immer genau dorthin setzen konntest, wo gerade ein Feuer brannte, das dringend gelöscht werden musste: Sie haben das große Problem nicht mit den Augen des Spezialisten angeschaut, sondern sich sprichwörtlich in den Hubschrauber gesetzt und versucht, das Ganze von oben zu erfassen und die einzelnen Probleme zu benennen. Waren diese klar definiert, haben sie zusammen mit Spezialisten für die einzelnen Themen Lösungen erarbeitet und umgesetzt. Diese Fähigkeit, sich häufig in neue Gebiete und Aufgaben hinein zu bewegen, beschert dem Generalisten ständig neue Herausforderungen mit viel Abwechslung.

Und dann gibt es noch den Generalisten mit Exzellenz: Wenn der Chef das Problem in dem Moment vergessen kann, in dem er es dem Generalisten übergibt, weil er sich hundertprozentig darauf verlassen kann, dass dieser es lösen wird, ohne auch nur im geringsten kontrolliert werden zu müssen, haben wir es mit einem Generalisten mit Exzellenz zu tun.

Die Führungskraft

Wen oder was soll ich denn führen und warum? Sind Menschen nicht alt genug, um von selbst das Richtige zu tun? Darüber ließe sich trefflich streiten. Aus meiner Sicht gebe ich ein klares Ja (von Ausnahmen abgesehen). Aber zum Glück hat jeder Mensch eine andere Sicht der Dinge, denn er hat in seinem Leben andere Erfahrungen gemacht als sein Kollege. Wenn also mehrere Menschen in einer Gruppe arbeiten, dann braucht es einen, der für ein gemeinsames Ziel sorgt und sicherstellt, dass alle bei der pünktlichen Erreichung des Zieles ihren angemessenen Beitrag leisten. Jedem Mitglied der Gruppe sollte außerdem klar sein, was es selbst davon hat, an der Zielerreichung mitzuwirken. Ich will hier nicht auf die verschiedenen Führungsstile eingehen, dazu gibt es andere Literatur. Aber für die Leser, die das Ziel haben, Führungskraft zu werden, aber noch keine sind, will ich etwas näher auf diese Tätigkeit eingehen. Chef sein stellt sich jeder prima vor – die meisten Menschen denken dabei an Macht und Geld –, aber die damit verbundenen Pflichten will nicht unbedingt jeder übernehmen. Und darum sollte man es sich gut überlegen, ob man wirklich eine Führungskraft werden möchte.

Das Ziel der Gruppe muss genau bestimmt sein. Dazu muss der Gruppenleiter mit seinem Chef und möglicherweise seinen Kollegen diskutieren und abstimmen, was die Gruppe erreichen soll. Der Chef will dabei sicherstellen, dass seine eigenen Ziele erledigt werden, zum Beispiel die seiner Abteilung. Und die Kollegen brauchen Leistungen Deiner Gruppe, damit sie ihre eigene Arbeit erledigen können. Dabei prallen manchmal auch Interessen aufeinander, die nicht einfach miteinander vereinbar sind. Daher muss unser Gruppenleiter sich manchem Konflikt stellen und eine zielführende Lösung finden.

Ist das Ziel definiert, so besteht der nächste Schritt in der Umsetzung: Wie erreicht die Gruppe das Ziel? Auch innerhalb der Gruppe gibt es wieder unterschiedliche Interessen und Meinungen, und so muss der Gruppenleiter mit allen Beteiligten das Ziel und die Umsetzung diskutieren und vereinbaren. Wie er das macht, ist wieder eine Frage des Führungsstils. Aber es geht nicht wie früher in der Armee mit Befehl und Gehorsam, sondern nur mithilfe zielführender Gespräche. Darum solltest Du ein guter Kommunikator sein oder die Bereitschaft haben, kommunikative Kompetenz zu erwerben. Am Ende musst Du alle Gruppenmitglieder an Bord zu haben.

Da der Gruppenleiter die Verantwortung für das Erreichen des Zieles trägt, wird er nicht umhinkommen, den Fortschritt regelmäßig zu kontrollieren und seinem Chef die entsprechenden Daten zu liefern. Und ganz bestimmt läuft nicht alles so glatt, wie es ursprünglich geplant war. Zum Beispiel kommt eine Zuarbeit von einer anderen Gruppe oder innerhalb des eigenen Teams nicht pünktlich oder ist nicht vollständig, der Umfang der Arbeit wurde unterschätzt, Menschen machen Fehler oder einer wird krank. Und wieder ist die Führungskraft gefordert, dies rechtzeitig zu erkennen und entsprechend zu handeln. Sie muss dafür sorgen, dass es trotzdem klappt.

Neben diesem sachlichen Aspekt ihrer Aufgabe muss die Führungskraft mit den ihr zugeordneten Mitarbeitern angemessen umgehen. Und da ist die Palette der Handlungsmöglichkeiten sehr breit. Du hast Mitarbeiter, die exzellent sind und denen Du nur das Ziel sagen musst – und schon kannst Du sicher sein, dass sie es erreichen werden. Denn Du weißt, dass diese Personen die Aufgaben gut erledigen werden. Wie, das kannst Du ihnen überlassen.

Am anderen Ende der Skala hast Du auch Mitarbeiter, die noch nicht die Fähigkeiten besitzen, alles alleine erledigen zu können. Diese Personen musst Du anweisen und kontrollieren, Du musst dafür sorgen, dass ihre Defizite abgebaut werden, zum Beispiel durch Schulungen oder durch Anleitung von Dir. Dazu gehören regelmäßige Gespräche mit ihnen, in denen Du ihnen ihre Stärken und Verbesserungspotentiale klar aufzeigst. Meiner Erfahrung nach schwächeln Chefs insbesondere bei der klaren Ansage, was nicht gut klappt und was die Erwartung an den Einzelnen ist. Warum ist das so? Es ist ihnen oft unangenehm, ein solch klares Gespräch zu führen. Der Mitarbeiter könnte ja widersprechen, Argumente haben, dass das alles gar nicht stimmt.

Wer führen will, der muss klare Worte finden, die auch noch so vermittelt werden, dass der Mitarbeiter sie konstruktiv verdauen kann.

Vermeidet der Chef klare Ansagen, die auch mal wehtun können, verhindert er, dass der Mitarbeiter die eigenen Defizite erkennen und abbauen kann. Im Zweifelsfalle wird der Mitarbeiter eines Tages das Unternehmen verlassen müssen, weil er die erforderliche Leistung nicht bringt – auch, weil er nicht die notwendige Unterstützung durch seine Führungskraft erfahren hat. Auch die andere Seite der Medaille kommt häufig zu kurz: Führungskräfte sollten regelmäßig Anerkennung aussprechen, etwa wenn gute Arbeit geleistet wurde. Allerdings: Viele handeln dabei nach dem Motto: „Nicht geschimpft ist genug gelobt". Das ist fatal.

Ich spreche diese Punkte der Mitarbeiterführung so deutlich an, weil viele, die den Wunsch haben, Führungskraft zu werden, das Folgende übersehen: Wer Führungskraft werden will, sollte vorher prüfen und wissen, was von ihm erwartet wird. Wenn er dazu nicht bereit ist und sich nicht mit den schwierigen Aspekten der Menschenführung auseinandersetzen möchte, sollte er besser die

Finger davon lassen. Allerdings: Du kannst es auch lernen, Menschen zu führen, und zwar am besten, bevor Du Führungskraft wirst.

Von einem deutschen Automobilkonzern weiß ich, dass für die Ernennung zur Führungskraft die Teilnahme an bestimmten Seminaren eine Voraussetzung ist. Und am Ende dieser anstrengenden Zeit der vielen Fortbildungen steht eine Prüfung, die bestanden werden muss. Nur dann bist Du qualifiziert, Menschen zu führen. Gut so, die Mitarbeiter werden es dem Unternehmen danken. Wenn das bei Deinem Arbeitgeber nicht so ist, dann musst Du selbst für diese Fortbildung sorgen. In vielen Unternehmen wird der beste Spezialist aus einer Gruppe der neue Chef. Das kann der kreativste Techniker, der schnellste Mechaniker, der gewissenhafteste Buchhalter oder der Verkäufer mit den höchsten Umsatzzahlen sein. Leider qualifiziert ihn das nach meiner Erfahrung nicht unbedingt zu einem guten Chef. Das Unternehmen hat also den besten Spezialisten verloren und dafür eine schlechte Führungskraft bekommen. Um die 80 Prozent der Mitarbeiter sehen ihre Chefs weniger als Helfer, sondern als Hindernis für eine gute Leistung. Aber genau das Gegenteil ist ihre Aufgabe: nämlich Mitarbeiter dabei zu unterstützen, mit Freude einen guten Job zu machen.

Ob es einem Unternehmen, seinen Mitarbeitern und den Kunden gut geht, hängt entscheidend von den Führungskräften ab. Je höher sie in der Hierarchie stehen, umso mehr Einfluss haben sie auf die Entwicklung des Ganzen. Mich hat es oft geradezu erschreckt, wie sehr der Erfolg von der Person an der Spitze abhängig ist. Jeder, der eine Führungsaufgabe anstrebt, muss sich der Verantwortung bewusst sein, die er übernimmt, ganz gleich, ob er 10, 1.000 oder 100.000 Mitarbeiter führt. Da gibt es auch mal eine schlaflose Nacht, weil eine große Entscheidung ansteht oder der Schuh drückt und keine Lösung am Horizont erscheint. Sei Dir darüber im Klaren, dass von den Führungskräften eines Unternehmens sehr viel abhängt: der Erfolg des Unternehmens, das Einkommen und damit das Überleben von Individuen und Familien sowie der Investoren, die ihr Geld ins Unternehmen gesteckt haben. Und in unserer Gesellschaft kommt noch hinzu, dass der Mensch aus seiner Arbeit Anerkennung und Zufriedenheit schöpfen möchte und sollte.

Und es ist kein klassischer „9-to-5-Job". Die meisten Führungskräfte, die ich in verschiedensten Unternehmen im In- und Ausland kenne, arbeiten zwischen 50 und 80 Stunden die Woche. Aber es gibt auch welche, die es prima in 40 Stunden schaffen.

Hast Du jetzt Bedenken bekommen, ob Du Führungskraft werden möchtest? Wenn ja, gut so, denn Du brauchst in diesem Job eine selbstkritische Grundhaltung. Lass uns also zusammenfassen, welche Fähigkeiten Du brauchst:

- ➢ Gute Kommunikation

- ➢ Ein funktionierendes Netzwerk im Unternehmen

- ➢ Respekt und Wertschätzung für jeden einzelnen Menschen, egal, welche Aufgabe er macht

- ➢ Wertschätzung für Dich selbst (sonst kannst Du anderen keine entgegenbringen)

- ➢ Teamfähigkeit, kein Einzelgängertum

- ➢ Mut und Energie, Dinge zu ändern und voranzubringen (Ängstlichkeit hilft gar nicht)

- ➢ Lösungsorientierung (statt Problemorientierung)

- ➢ Die Bereitschaft, alle genannten Kompetenzen zu erwerben

Führungskraft zu sein kann sehr viel Freude und Erfüllung bringen, trotz oder gerade weil es wie oben beschrieben sehr anspruchsvoll ist und Du viel Verantwortung trägst. Wichtig ist: Die Stars sind Deine Mitarbeiter, nicht Du als Chef.

Ausbilder/Trainer/Lehrer

Egal, um welchen Beruf es sich handelt: Einer, der ihn erlernt und ordentlich Erfahrung gesammelt hat, reicht sein Wissen an den Nachwuchs weiter. Ausbildungsberufe im Handwerk münden in den Gesellenstatus und aus diesem bilden sich einige zum Meister weiter. In anderen Berufen mögen die Bezeichnungen anders lauten, aber das Grundprinzip bleibt das Gleiche, daher will ich bei diesen Begriffen bleiben. Bereits wenn sie Gesellen sind, zeigt sich bei manchen Menschen das Talent, dass sie ein Händchen dafür haben, anderen etwas beizubringen und sie anzuleiten. Sie können gut beobachten und zuhören, sie sehen und verstehen rasch, was dem anderen noch fehlt. Sie können gut zeigen und geduldig erklären, wie etwas richtig gemacht werden muss. Neben hohem Wissen und großem Organisationstalent sind Einfühlungsvermögen und das Talent zur Vermittlung von Wissen gefragt.

Unternehmer (intern/extern)

Sein eigener Chef sein? Ja, warum denn nicht! Leider ist das in unserer Kultur nicht so ausgeprägt wie zum Beispiel in den USA, wir sind vergleichsweise vorsichtig und scheuen zuweilen das damit verbundene Risiko. Und wenn es mit der Gründung eines eigenen Unternehmens einmal schief gegangen ist, wenden sich die Banken beim zweiten Versuch meist ab. Und auch das Umfeld spricht dann rasch vom Versagen und vom Scheitern. Aber das entmutigt diejenigen Menschen nicht, die von Natur aus gerne „ihr eigenes Ding" machen. Eine Geschäftsidee und den Mut, diese nach guter Planung auch umzusetzen, kann eine sehr erfüllende Karriere bedeuten. Und sieht man von der unterstützenden Bank ab, ist man auch noch „sein eigener Herr" oder „seine eigene Frau". Damit einher geht auch eine große Verantwortung, vor allem, wenn Du Mitarbeiter hast.

Warum habe ich in der Überschrift auch von einem „internen" Unternehmer gesprochen? Es gibt gar nicht so selten Positionen in Unternehmen, die Verantwortung für selbstständige kleine Einheiten haben, die quasi wie kleine eigenständige Unternehmen arbeiten. Das können zum Beispiel Servicestützpunkte oder entlegene kleine Verkaufs- und Servicegesellschaften sein. Die Leiter sind für alles verantwortlich und sind wie angestellte Unternehmer tätig (und sollten es auch sein, damit sie Erfolg haben können).

Ideengenerator

Wer tagein, tagaus an seinem Arbeitsplatz seine Leistung bringen muss, der ist so mit wichtigen und dringenden Dingen beschäftigt, dass am Ende der Arbeitszeit wohl eher noch etwas für morgen liegenbleibt. Häufig ist dann kein Raum mehr für Kreativität und frische Ideen, die aber für den Fortschritt des Mitarbeiters und der Aufgabe gebraucht werden. Dazu müssen entweder freie Zeit und Raum geschaffen werden – oder es gibt Menschen, die diese Aufgabe übernehmen. Sie sind von Natur aus kreativ und ihnen fallen ständig Dinge auf, die verbessert werden können. Und sie entwickeln dann oft auch noch gleich ein paar Lösungen dafür. Oder sie bringen die richtigen Leute zusammen und haben ein Händchen

71

dafür, eine gelöste Atmosphäre zu schaffen und den Prozess zu moderieren. Es gibt Unternehmen, die sich solche Ideengeneratoren gerne leisten. In Werbeagenturen werden solche Menschen natürlich immer gesucht.

Querdenker/Mahner/Kritiker

Warum stürzen sich die sagenumwobenen Lemminge über die Klippe in den Tod? Weil sie bei ihrem Gruppenzwang niemanden haben, der sich der allgemeinen Meinung entgegenstellt und vehement die Gefahren aufzeigt und alle noch einmal zum Nachdenken bringt. Wer diese Rolle in der Arbeitswelt übernimmt, setzt sich einem Drahtseilakt aus. Denn wer anderen immer wieder den Spiegel vorhält, ist selten beliebt, weil er den schönen bunten Bildern der Zukunft mit realistischen Einwänden begegnet: „Habt ihr dieses und jenes bedacht?" Allerdings: In meinen Augen übernehmen solche Menschen eine extrem wichtige Rolle, denn sie bewahren ihr Umfeld vor Schnellschüssen und Fehlern. Obendrein hat ein Querdenker oft auch noch unkonventionelle Ideen, auf die sonst keiner gekommen wäre. Aber Achtung: Diese Aufgabe passt nicht in jedes und zu jedem Unternehmen, sondern setzt eine Unternehmenskultur voraus, bei der „unangenehme", weil mahnende und kritische Stimmen bis hoch zum obersten Chef nicht nur akzeptiert, sondern aktiv gewollt sein müssen. In einer entsprechenden Unternehmenskultur aber wird der Querdenker, Kritiker und Mahner als eine hochrespektable Person angesehen.

Zum Nach- und Weiterdenken

➢ Hat Dich eine der Beschreibungen angesprochen?

➢ Welche Gedanken sind Dir dabei durch den Kopf geschossen?

➢ Schreibe sie auf ein Blatt Papier (auch dann, wenn sie Dir zunächst einmal seltsam erscheinen). Dann geht es weiter.

9. Der Satz Deines Lebens

Jetzt brauchst Du ungestörte Ruhe und einen wachen Kopf. Hast Du einen ruhigen Park oder noch besser einen Wald in der Nähe? Dann unternimm einen mindestens 20-minütigen Spaziergang. Oder kennst Du ein paar Yogaübungen, dann mach diese. Vielleicht hast Du einen Lieblingsplatz, wo Du die Gedanken schweifen lassen kannst, dann begib Dich dorthin. Bist Du kreativ bei Deiner Lieblingsmusik? Mach sie an, und auch in für Dich passender Lautstärke. Besitzt Du eine Entspannungsmeditation, dann hör sie.

Der Grund: Wir wollen uns entspannen und ablenken von Reizen, die jetzt stören würden. Kreativität braucht neben der Ablenkung auch eine Form des Nichtstuns, damit Platz für Neues ist. Für manchen kann es auch gut funktionieren, dabei in Bewegung zu sein, also zum Beispiel Übungen beim Spazierengehen, Wandern, Joggen oder auf dem Radtrainer zu absolvieren (bitte nicht auf der Straße fahren, da Du bei der Übung dem Verkehr nicht die notwendige Aufmerksamkeit schenken kannst). Menschen in Bewegung haben mehr Ideen. Ganz wichtig: Vergiss nicht, etwas zum Schreiben mitzunehmen.

Diese Hinweise zur Kreativität helfen Dir bei allen Aufgaben, in denen es um darum geht, dass Du neuen Gedanken oder Ideen freien Lauf lassen sollst. Ich bin in einen Künstlerhaushalt groß geworden, mein Vater hat mit handeingebundenen, wunderschönen Büchern auf der ganzen Welt Preise bekommen, und meine Mutter hat unter anderem gemalt. Von beiden Elternteilen erinnere ich die folgende Aussage, wenn sie vor einem besonders gelungenem Werk standen: „Ich weiß noch, wie ich angefangen habe, mehr nicht. Ich bin irgendwann vor dem fertigen Produkt aufgewacht. Ich weiß nicht, wie es entstanden ist."

Die Krönung hat dem mein bescheidener Vater aufgesetzt, als er nach der Verleihung eines Kulturpreises durch den damaligen Schleswig-Holsteinischen Ministerpräsidenten von einem Reporter zu einem seiner Werke gefragt wurde, was er sich dabei gedacht habe. Mein Vater schaute ihn völlig verständnislos an und sagte „Nichts." Über das Gesicht des Radiomannes muss ich noch heute lachen. Meine Eltern haben sich vor dem kreativen Arbeiten abgelenkt, um das Gehirn frei zu machen von allem, was gerade nicht wichtig zu sein schien. So entstand im Kopf Platz für Kreativität, so wie in einem Zustand der Tagträumerei. Dadurch konnte etwas Neues entstehen.

Versuch Dich mit den Hinweisen von oben so abzulenken, dass Du in einen solchen kreativen Zustand kommst.

Auf meiner langen Europawanderung saß ich in Norwegen vor einer kleinen Hütte, hatte im See gebadet und die Hitze des Tages abgewaschen und meinen Hunger gestillt. An nichts denkend, träumte mein Blick auf den sonnenbeschienen See hinaus und die wolkenverhangenen Hügel hinauf. „Ist das erlaubt, einfach so da zu sitzen und an nichts zu denken, zu träumen" habe ich mich damals gefragt? Sonst ist doch jede Minute verplant, keine Zeit darf verschwendet werden. Ich habe mir damals „offiziell" erlaubt, dass ich das tun darf, auch wenn es meiner Erziehung doch eher widerspricht, ohne Nachzudenken herum zu sitzen. Wir nehmen uns solche Momente viel zu selten. Dabei habe ich dann obendrein auch noch gute Ideen. Also erlaube ich **Dir** jetzt, dass Du Dir diese Zeit, diese Muße nimmst. Lass die Gedanken und Probleme des Tages hinter Dir. Kommen sie wieder hoch, dann lass sie wieder ziehen (nicht festhalten), bis Dein Kopf leer ist. Setzt Dich an meinen See (wenn es Dir hilft) und fang an zu träumen. Das Bild findest Du auf meiner Facebook-Seite.

Das bist Du!

Deine Aufgabe lautet jetzt: Formuliere einen Satz, und zwar möglichst bildhaft, der zum Ausdruck bringt, wer Du bist. Beschreibe Dich als Menschen, als Charakter, eventuell mithilfe Deiner herausragenden Eigenschaft. Beschreibe so Dein Naturell oder das, was Du gerne wärest. Achte vor allem darauf, dass die Formulierung ein Bild enthält – unser Gehirn kann Bilder besonders gut verarbeiten. Dabei sind Dein Gefühl und Deine Intuition gefragt, nicht Dein Verstand. Frage Deinen Bauch und Dein Herz!

➢ Nimm dazu einen Zettel und schreibe erst einmal alles auf, was Dir dazu einfällt, auch einzelne Worte – einfach ALLES!

➢ Stelle Dir immer wieder die Frage: „Wer bin ich?"

➢ Denke nicht zu viel nach, das behindert die Kreativität! Lass es fließen.

➢ Breitet sich etwas Chaos in Deinen Kopf aus, ist das sehr gut, das hilft!

➢ Du darfst nach Lust und Laune herumspinnen.

Mach das so lange, bis Du Dich leer fühlst oder Du, wie oben beschrieben, aus der Tagträumerei aufwachst. Dann gönn Dir eine kleine Pause.

Versuche nun aus Deinen Notizen einen Satz mit einen Bild zu machen.

Hier drei Beispiele, wobei das letzte mein eigener Satz ist:

➢ *Ich bin ein Stein: Kalt, hart und ruhig liege ich im Verborgenen und setze Moos an, diene kleinen Lebewesen als Schutz.*
➢ *Ich stehe ruhig auf einem Berg und beobachte den Lauf der Dinge und laufe ins Tal, um zu helfen, wenn Hilfe gebraucht wird.*
➢ *Ich bin wie ein Fluss, meist in gluckernder Ruhe, manchmal reißend, in stetiger Veränderung vorwärts fließend.*

Mancher mag mit dem Ausdruck „Satz Deines Lebens" nicht so viel anfangen können. Macht nichts. Wichtig ist, dass Du darüber nachdenkst, denn es hilft Dir, näher an Deine verborgenen Wünsche und Ziele heranzukommen. Und Du hast bei späteren Übungen einen Maßstab, ob Deine Ergebnisse zu Dir passen. Die Seminarteilnehmer bekommen dafür 45 Minuten Zeit, wenn es nicht reicht, nochmals 30 Minuten. Es soll in Ruhe passieren und bis zum Abschluss gebracht werden. Der Satz ist fertig.

Und bitte erst danach weiterlesen, vielen Dank.

Hast Du einen guten Gesprächspartner, dann stelle ihm nach einer Pause oder am nächsten Tag den Satz vor. Schreib Dir die Fragen und Kommentare Deines Gegenübers auf. Sie können Unklarheiten und Widersprüche aufdecken und Dir als weitere Anregungen dienen.

10.Wenn das Glöckchen klingelt

Ich möchte hier aus einem Interview mit Christian Heidel zitieren, der damals bei Schalke 04 und davor bei Mainz 05 Sportvorstand war – gelesen im Focus 35/2016:

„Warum verlässt ein intelligenter Mensch wie Sie den sichersten Liga-Job in Mainz, um im unruhigsten Liga-Job neu zu beginnen?"

Heidel: „Ich hätte natürlich die nächsten zehn Jahre den FSV Mainz managen können. Aber dann saß ich im Januar 2015 in einer Trauerhalle, weil ein enger Freund plötzlich gestorben war. Erst waren meine Gedanken lange bei ihm, dann dachte ich eine ganze Zeit über mein Leben nach. Kurz danach starben noch zwei weitere enge und sehr gute Freunde. Ich beschloss, noch einmal etwas ganz Neues zu beginnen, neuer Club, neues Zuhause, neue Aufgabe, neue Menschen. Dann kam Schalke! Es gab sonst keinen anderen Grund, Mainz zu verlassen. Ich liebe Mainz, bin dort geboren, und es wird immer meine Heimat bleiben."

Übrigens: Christian Heidel war fast drei Jahrzehnte lang beim FSV Mainz.

Hier taucht wieder das Thema Tod auf, nur war er hier wie eine Mahnung an den Fußballmanager, nochmals etwas Neues zu wagen, aus seiner komfortablen Position hinauszutreten und ins Risiko zu gehen. Mitzuerleben, wie schnell das Leben zu Ende gehen kann, lässt häufig die Trauernden mit Gedanken an sich selbst zurück. Aber dann kommt sehr schnell wieder der fordernde Alltag, und die Gedanken verlieren sich wieder, leider. Die innere Stimme war da, aber sie wurde schnell wieder leiser und verstummte.

Ich bezeichne das für mich selbst als das innere Glöckchen. Wobei die Ereignisse nicht mit Tod und Trauer zu tun haben müssen. Es gibt oft genug im Leben Momente, in denen das leise Klingeln sich meldet. Die Kunst ist, es zu hören und etwas daraus zu machen. Und das ist nicht auf das Berufsleben begrenzt. Erinnerst Du Dich an die Aussage „Es ist gerade nicht der richtige Zeitpunkt"?

Wenn Du am Ende dieses Buches einen Plan für Dein berufliches Leben erstellst, dann hilft Dir das, einen Anspruch an Dich selbst zu haben und diesen auch zu formulieren. Aber der Plan ist das eine, das andere ist die Wirklichkeit, der Du Dich aktuell gegenüber siehst. Du magst sehr zielstrebig Deinen Plan verfolgen, es braucht aber auch die richtigen Umstände um Dich herum, damit Du die Chance ergreifen kannst.

Wer weiß, wo er hin will, entwickelt eine Sensibilität für den entscheidenden Moment und hört das Glöckchen, wenn sich eine Chance wie eine Tür ein wenig öffnet.

Erkenne und ergreife Deine Chancen

Siehst Du nicht die Möglichkeit, die offene Tür, dann ist die Chance kurze Zeit später nicht mehr da. Sie ist vertan und die Tür ist verschlossen, ohne dass Du es gemerkt hast. Manchmal ist die Chance ganz offenkundig, man macht Dir zum Beispiel ein Angebot. Gehst Du durch die Tür hindurch, dann erhältst Du die Chance und kannst etwas daraus machen. Findest Du einen bis 1.000 gute oder schlechte Gründe, warum das jetzt gerade nicht geht, dann schließt sich die Tür wieder. Auch wenn Du später dann doch noch hindurchgehen möchtest, ist die Tür zu.

Woher jedoch weißt Du, dass noch mehr Chancen kommen? Das kann sein, vielleicht aber auch nicht. Meine Beobachtung ist: Sagst Du einmal „Ja" zu einer Möglichkeit, dann entwickelt sich in Dir ein Weg, wie Du mit solchen Veränderungen umgehen kannst. Und diese Chance erzeugt eine neue Chance, irgendwo in der Zukunft. Auch wenn sich dann eine Tür nur ein wenig öffnet. Wenn Du dies erkennst, kannst Du die Tür aktiv weiter aufschieben und in die Entwicklungsmöglichkeit hineingehen.

Du kannst die sich eröffnende Möglichkeit mit Deinem Ziel vergleichen. Woran soll man sie sonst messen, wenn es keinen Maßstab gibt? Frage Dich also, ob Du damit Deinen Wünschen näher kommst. So bist Du sofort in der Lage, das Angebot abzuwägen und eine klare Aussage zu treffen, ob es passt oder nicht. Dadurch, dass

Du selbst Klarheit gewonnen hast, hat auch Dein Gesprächspartner oder die Firma die Chance, zu verstehen, was Dir wichtig ist, und kann, wenn es noch nicht zueinander passt, darauf reagieren. Manche Angebote können sich im konstruktiven Gespräch so entwickeln, dass es am Ende doch für beide Seiten einen Sinn ergibt. Wenn nicht, dann versteht Dein Gegenüber aber zumindest, warum Du nicht durch diese Tür gehen möchtest. Und dann kann und wird er es respektieren. Damit hast Du Dir Deine Chance erhalten, in der Zukunft ein weiteres Angebot zu erhalten.

Die meisten Menschen gehen nicht allein durchs Leben, zumindest zeitweise ist da ein Partner, vielleicht sogar eine Familie. Wenn Du Dein Ziel bestimmt hast und es kennst, dann ist es unerlässlich, dass Dein Partner, Deine Familie es erfahren und es mit Dir diskutiert haben, denn auch sie sind ja von Deinen Chancen betroffen. Die neue Entwicklung kann einen Umzug bedeuten, eine andere Schule für die Kinder, einen längeren Weg zur Arbeit. Oder man muss für eine Weile finanziell kürzer treten. Darum:

Überleg Dir genau, welche Wirkung Deine Veränderung auf jeden einzelnen Menschen in Deinem engeren Umfeld hat und wie Ihr gemeinsam damit umgehen könnt.

Was zuvor gut durchdacht wurde, macht später die Umsetzung viel einfacher. Und Du hast dann auch den Rücken frei. Da komme ich wieder auf meine Wanderung zurück. Ich habe meiner Frau schon Jahre vor meinem Ruhestand von meinem Traum erzählt, dass ich mit dem Rucksack von Istanbul zum Nordkap gehen wollte. Sie hat sich entschieden, nicht mitzugehen. Aber sie hatte Verständnis, dass ich diese verrückte Idee umsetzen wollte, und hat mir die Zeit dafür gegeben. Wäre ich eine Woche vor der Abreise damit ins Haus geplatzt, wäre ihre Reaktion sicherlich eine andere gewesen.

Achte auf kleine Signale und Zeichen

Ich habe auch erst lernen müssen, das Glöckchen bewusst zu hören. Anfangs habe ich auf die Signale und Zeichen nicht gehört – und es dann hinterher stets bereut. Ich erinnere mich an ein Beispiel aus meinem Berufsleben, als ob es heute geschehen wäre: Ich habe meinen zweiten Führungsjob als Leiter einer großen Verkaufsniederlassung. Ich stehe am Schreibtisch eines jungen und sehr talentierten Außendienstlers. Er hat das Potenzial zum Gruppenleiter, er könnte auch mein Nachfolger werden. Er ist für das Unternehmen wichtig. Im Gespräch beschleicht mich ein ungutes Gefühl, irgendetwas stimmt nicht. Was genau es ist, ich kann es nicht beschreiben. Und darum wische ich es beiseite und verdränge es. Einen Monat später kündigt der Mitarbeiter. Hätte ich das Klingeln des Glöckchens beachtet, hätte sich vielleicht im intensiven Vieraugengespräch die Chance ergeben, seine Abwanderungsgedanken zu erkennen und ihn zum Bleiben zu bewegen. Ich habe mir damals geschworen, zukünftig solche unbestimmten Eindrücke zu beachten und ihnen auf den Grund zu gehen. Und das hat mir in zahlreichen weiteren Situationen und bei vielen Entscheidungen sehr geholfen.

Zum Nach- und Weiterdenken

➢ Kommt leise eine Idee in Dir hoch, halte sie fest.

➢ Beschleicht Dich ein inneres Gefühl, halte an und höre zu.

➢ Trau Deiner (leisen) inneren Stimme.

➢ Fällt Dir dazu ein Beispiel aus Deinem Leben ein?

11.Welche Lebensbereiche sind Dir wichtig?

Auch dieses Kapitel ist wieder einer Übung und der Arbeit gewidmet. Sie besteht aus zwei Teilen. Ganz wichtig: Lege an der genannten Stelle unbedingt eine Pause ein.

Hol noch einmal den Satz Deines Lebens hervor. Schau ihn Dir in Ruhe an. Passt er so, möchtest Du etwas ändern oder ergänzen? Dann los.

Bevor wir auf unsere Ziele zusteuern, müssen wir erst einmal die Bereiche festlegen, die wir bearbeiten wollen. Das kann individuell sehr verschieden sein. Woran möchtest Du arbeiten, was liegt Dir am Herzen? Jetzt magst Du einwenden: Ich dachte, es geht hier nur um den Beruf. Ja und nein, denn der Beruf alleine macht noch nicht zufrieden, und die anderen Bereiche haben auch immer eine Wirkung auf Deinen Beruf. In einer Wohlstandsgesellschaft spielt mehr und mehr die Balance zwischen der Arbeit und dem Privaten eine große Rolle. Als ich vor 30 Jahren von der Arbeit nach Hause gegangen bin, da war die Arbeit beendet: Feierabend. Doch vor zehn Jahren war das nicht mehr so. Mobiltelefone und Laptops mit Zugang zum Firmenrechner hatten alles völlig verändert. Ich war immer erreichbar, nix mit Feierabend. Als ich 2007 nach China gezogen bin, da habe ich nach vier Monaten im Land gemerkt, dass ich sieben Tage die Woche gearbeitet habe. Aufgrund der Aufbruchsstimmung in ihrem Land kennen Chinesen kein Wochenende, und immer öfter auch keine Nacht. Wenn ich nach einem Zwölfstundentag zu Hause oder im Hotel war, dann klingelte mein Telefon weiter. Manchmal war es auch ein Kollege aus Europa, der am späten Nachmittag im Büro saß und vergessen hatte, dass ich mit acht Stunden Zeitdifferenz bereits auf dem Wege ins Bett war. Was habe ich gemacht? Ab einer bestimmten Uhrzeit war mein Handy aus und an einem Tag am Wochenende auch tagsüber. Wenn Du klar weißt, was Du im Privaten willst, dann kann es durch den Beruf nicht zur Seite gedrängt werden. Und Unzufriedenheit im Privaten schwappt sofort in den Beruf hinein. Daher ist es wichtig, diese Bereiche klar zu definieren.

Als Anregung für Deine eigenen Überlegungen möchte ich Dir ein paar Beispiele für mögliche Lebensbereiche nennen:

➢ Familie

➢ Partner

➢ Kinder

➢ Hobby

➢ Beruf

➢ Sport

- Gesundheit
- Persönlichkeit
- ICH
- Freizeit
- Reisen
- Weiterbildung
- Finanzen
- Regeneration
- Zuhause (wohnen)
- Persönliche Werte ausleben
- Lebensqualität

Suche Dir die Lebensbereiche heraus, die für Dich wichtig sind, und füge die hinzu, die Dir fehlen.

Ich gehe davon aus, dass der Beruf dabei ist, denn deshalb liest und bearbeitest Du ja dieses Buch. Zu jedem der gewählten Bereiche versiehst Du eine leere Din-A4-Seite mit der entsprechenden Überschrift. Jetzt brauchst Du neunzig Minuten Ruhe und alle Unterlagen, die Du bisher erstellt hast, als Gedankenstütze sowie einen farbigen Marker. Hörst Du gerne Musik, dann mache sie Dir an, brauchst Du Ruhe, schalt alles andere aus. Die Aufgabe lautet:

Was für Ideen, Wünsche, Notwendigkeiten, Vorstellungen und Träume hast Du in jedem einzelnen der Bereiche?

Manche mögen tief in Dir schlummern und warten nur darauf entdeckt zu werden. Schreibe alles auf den relevanten Zettel, was Dir einfällt. Ganz wichtig ist, dass Du keine Wertung vornimmst, sondern einfach nur schreibst, was Dir einfällt. Wenn der Gedankenfluss aufhört, massiere die zwei Höcker auf Deiner Stirn (dort, wo der Teufel die Hörner hat) mit leicht kreisenden Bewegungen. Das aktiviert das Gehirn. Alle deine Gedanken gehören auf das Papier, und mag es noch so verrückt oder abwegig klingen. Denk nicht darüber nach, sondern bleib im Fluss des Aufschreibens.

Wenn Du leer bist, ist es Zeit für eine Pause, etwa einen fünfzehnminütigen Spaziergang (keine anderen Ablenkungen). Danach geht es direkt weiter. Lies also hier bitte erst weiter, wenn die Pause beendet ist. Denn Du könntest sonst auf die Idee kommen, beide Aufgabenteile gleichzeitig zu erledigen, etwa um Zeit zu sparen. Leider sind Deine Lebensbereichszettel dann aber nur halb so voll, denn statt Deinen Gedanken freien Lauf zu lassen, hast Du durch das Vermischen mit dem zweiten Teil der Aufgabe Deinen Gedankenfluss nur gebremst.

Aufgabe bearbeiten und bitte eine Pause machen

(dann weiterlesen)

Nimm jeden einzelnen Bereich und unterstreiche mit einem leuchtenden Marker, was Dir besonders wichtig ist. Übertrage diese Stichworte in eine große Mindmap. Dazu brauchst Du mindestens ein DIN-A3-Blatt, besser noch ein DIN-A2-Blatt (um es für Dich einfacher zu machen, klebe einfach 2 bzw. 4 DIN A4 Blätter mit Tesa auf der Rückseite zusammen). In der Mitte steht Dein Name, von ihm gehen Strahlen ab, auf denen in großen Buchstaben die gewählten Bereiche stehen. Von jedem dieser Strahlen gehen wieder Verästelungen ab (Platz lassen, nicht zu eng), auf die Du die unterstrichenen Stichworte schreibst, die Dir besonders wichtig sind. Steht alles auf dem großen Bogen, dann hänge es mit Klebestreifen in Augenhöhe an die Wand und stelle Dich davor. Lass es eine Weile auf Dich wirken. Fehlt Dir etwas, möchtest Du etwas verändern? Nur zu, füge es sofort ein (sei vorsichtig, wenn Du mit Filzstiften arbeitest, die könnten durch das Papier Spuren auf Deiner Wand hinterlassen). Vielleicht erkennst Du, wenn Du mit etwas größerem Abstand davor stehst, auch Zusammenhänge zwischen den einzelnen Bereichen oder Unterpunkten. Diese kannst Du mit einem dünnen Strich außen herum verbinden, damit der Gedanke erhalten bleibt.

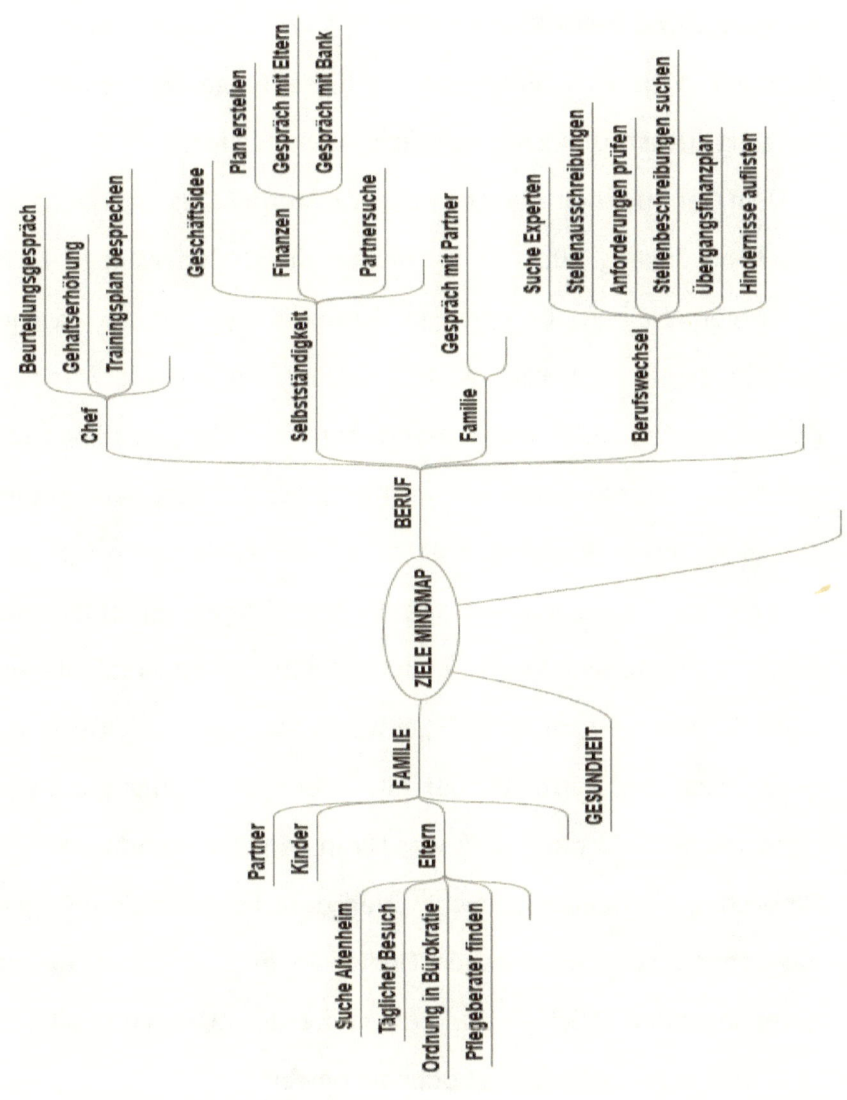

Bild Nr. 3: Reduziertes Beispiel für das große Mindmap

91

Hast Du das Gefühl, es fehlt Dir etwas oder etwas ist unklar? Leg Dir Papier und Bleistift ans Bett und stell Dir heute Abend im Bett kurz vor dem Einschlafen genau diese Frage, auf die Du eine Antwort suchst. Und zwar so präzise wie möglich.

Dein Gehirn arbeitet auch nachts, sogar mehr als tagsüber. Und es hat dann Zugang auch zu Bereichen, die Dir im wachen Zustand verborgen bleiben. Es wird an Deiner Frage arbeiten, vielleicht braucht es ein paar Nächte. Also Geduld, stelle Deine Frage jeden Abend wieder, denn die Antwort kommt nicht unbedingt sofort. Überlege, ob die Frage vielleicht zu kompliziert ist. Wenn ja, versuche sie in kleinere Fragen zu unterteilen, um später die zahlreichen Antworten auf die kleinen Fragen zu einer großen Antwort zusammenfügen zu können. Solltest Du nachts aufwachen, dann schreib ein paar kurze Stichworte auf, dann fällt Dir morgens beim Lesen das Ganze wieder ein. Wenn Du morgens aufwachst, dann schreib sofort alles auf, was Dir in den Sinn kommt, egal, ob es Dir wichtig erscheint oder nicht. Erledige nicht erst andere Dinge wie das Zähneputzen, die frischen Gedanken müssen sofort auf einem bereitliegenden Stück Papier notiert werden. Und zwar alle, ohne dass Du darüber nachdenkst oder sie bewertest.

Wenn Du dann richtig wach bist, schau Dir Deine Notizen an und prüfe, ob Deine Antwort darin enthalten ist.

Wenn die Mindmap fertig ist, dann liest Du weiter.

12.Was hältst Du von einem Auslandsaufenthalt?

Ein beruflich bedingter Auslandsaufenthalt ist natürlich etwas Spezielles – und darum möchte ich ein paar zusätzliche Gedanken zu diesem Thema anbringen. Manches davon gilt aber auch bei Ortswechseln innerhalb eines Landes. Wer die Chance dazu hat oder sich dafür interessiert, sollte einen solchen Arbeitseinsatz nach einigen Jahren im Beruf durchaus wagen, damit genügend Erfahrungen und Wissen vorhanden sind, um auch in einem anderen Umfeld bestehen zu können. Es gibt zudem erstaunliche Geschichten von Personen, die direkt nach der Ausbildung ins Ausland gegangen sind und dort sehr erfolgreich waren.

Lohnt es sich, ins Ausland zu gehen?

Unbedingt, denn es ist eine Bereicherung für alle Beteiligten. Ich gestehe auch hier ein, dass es sicherlich Menschen gibt, denen solch eine Veränderung nicht guttut. Sei es, weil sie ein Baum sind, den man nicht verpflanzen kann, sei es, dass die eigene oder die Gesundheit von Angehörigen es nicht erlaubt. Um den möglichen Gewinn aufzuzeigen, will ich hier einiges von meiner eigenen

Entwicklung erzählen, die mit einem Auslandsaufenthalt zusammenhängt.

Als wir nach Kanada gegangen sind, war mein Sohn elf Jahre alt und hatte gerade ein Jahr Englisch in der Schule gelernt. Nach sechs Monaten in Toronto war er von einem kanadischen Kind sprachlich nicht mehr zu unterscheiden. Sein Englisch hat sich in den drei Jahren so entwickelt, dass nach der Rückkehr deutsche Englischlehrer Probleme mit seinem großen Wortschatz hatten (sie mussten nachschlagen, was das heißt). Und im Studium später haben Professoren ihn gebeten, dass er seine Vorträge wegen des Lerneffekts für die anderen Studenten auf Englisch halten möge. Selbst meine Enkel profitieren davon, denn sie wachsen von Geburt an zweisprachig auf. Mein Sohn bewegt sich heute beruflich sicher im internationalen Bereich und wird gerne von seinem Arbeitgeber in zeitlich begrenzte Arbeitseinsätze ans andere Ende der Welt geschickt. Er hat andere Kulturen als Kind erlebt (75 Prozent seiner Klassenkameraden in Kanada waren Hongkong-Chinesen) und musste sich den veränderten Umständen anpassen. Darum kann er heute sehr gut auf ausländische Gesprächspartner eingehen. Da er mehrfach mit uns umgezogen ist, hat er gelernt, sich in neuen Umgebungen schnell zurechtzufinden. Er hat sich immer wieder einen neuen zusätzlichen Freundeskreis aufgebaut, manche dieser

Verbindungen bestehen bis heute. Ihm fällt es dadurch auch leicht, mit Veränderungen oder ganz neuen Themen umzugehen.

Meine Frau konnte sich ihren ursprünglichen Berufswunsch „Lehrerin" erfüllen, denn sie hat an einer Samstagsschule kanadischen und deutschen Kindern Deutschunterricht gegeben. Meine Frau und ich sind in diesen Jahren von dem Gebrauch der Fremdsprache Englisch dahin gekommen, dass wir in dieser Sprache gedacht haben: sprechen, ohne dabei nachdenken zu müssen. Wir haben aber durchsetzen müssen, dass bei uns zu Hause deutsch gesprochen wurde, damit unser Sohn diese Sprache nicht verlor. Nach einiger Zeit wollte er nämlich auch zu Hause nur noch Englisch reden.

Für mich führte der Auslandsaufenthalt zu zahlreichen bereichernden Erfahrungen. Ich habe zum Beispiel gelernt, was man beim Aufbau eines neuen Unternehmens beachten sollte. Denn in Kanada habe ich alle Bereiche selbst kreieren müssen: die Buchhaltung, ein IT-System, Logistik, Finanzen und Controlling, Lagerhaltung, kleine lokale Produktion, Verkauf, Führen von Agenten und so weiter. Hilfreich war es auch, zu lernen, wo und wie man Hilfe bei der Lösung von Problemstellungen findet. So haben wir alle sehr viel Gutes aus dieser Zeit gezogen. Sie hat uns auch als Familie enger zusammenrücken lassen, weil wir diesen Schritt gemeinsam gegangen sind und die Herausforderungen zusammen bewältigt haben. Um dieses Land und seine Städte im Urlaub zu sehen, bezahlen Menschen viel Geld. Ich habe es authentisch erleben dürfen und bin dafür auch noch bezahlt worden.

Was ist zu beachten?

Ob man Single ist oder mit Partner oder auch Kindern loszieht, spielt im Grundsatz keine Rolle. Aber es wirkt sich auf die Dinge aus, die es zu berücksichtigen gilt.

Was sind die größten Hindernisse, die bei der Entscheidung für einen Auslandsaufenthalt überwunden werden müssen? Ganz klar: das Vorurteil über das Land, in das es gehen soll, und die vielen, sehr vielen Fragen und Befürchtungen, die sich auftun. Wie kommt es zu dem Bild, das wir uns über ein „fremdes" Land machen? Es wird geprägt über die Medien, speziell das Fernsehen. Die Nachrichten sind so gut wie immer negativ ausgerichtet, denn darüber berichten die Kanäle. Die Ausnahme ist die eine positive Nachricht in einem Meer von schlechten. Da wundert es nicht, wenn sich bei der Angabe, wo es hingehen soll, alle Nackenhaare sträuben, auch bei dem Lebenspartner. Sei Dir bewusst, dass Du/Ihr mit Vorurteilen infiziert seid. Da hilft nur, sich solide Informationen zu verschaffen. Wenn die Firma bereits eine Niederlassung dort hat, dann versuch, mit den Kollegen vor Ort in Verbindung zu treten, und stelle Deine Fragen. Kennst Du jemanden, der dort gearbeitet hat, oder eine

Person, die einen kennt, der dort tätig war? Als es für uns nach China gehen sollte, hat sich meine Frau daran erinnert, dass ein Freund unseres Sohnes nach dem Studium bei einer deutschen Firma mit chinesischen Werken dort ein einjähriges Praktikum gemacht hatte. Seine Telefonnummer hatten wir schnell herausgefunden, er konnte uns dann einen sehr abgerundeten Bericht über seine Zeit in Shanghai geben. Ihm hatte es gut gefallen, und er wäre sofort wieder hingegangen, obwohl es auch kritische Anmerkungen gab.

Ich wollte damals auch einigen Mitarbeitern die Möglichkeit bieten, nach China zu gehen. Ich lud sie mit ihren Partnern zu einem verlängerten Wochenende nach China ein, so dass sie sich ein eigenes Bild machen konnten. Mithilfe dieser Informationen waren alle in der Lage, eine bessere Entscheidung zu treffen. Ich habe sie dabei mit chinesischen Mitarbeitern zusammengebracht, mit anderen Expats (Mitarbeitern aus anderen Ländern) und auch deren Partnern (ganz wichtig), denn die weibliche und männliche Sicht auf so einen Schritt unterscheiden sich sehr. Wurde zum Beispiel eine Frage von einer Person desselben Geschlechts beantwortet, wurde dieser Information mehr Glauben geschenkt. Ich selbst habe mich darauf beschränkt, den Arbeitsbereich und die Stadt vorzustellen, immerhin war ich nicht unparteiisch.

Wenn Du also die Chance bekommst, ins Ausland zu gehen, vereinbare mit Deinem Chef, der Personalabteilung oder am besten mit dem, der Dich in die Fremde senden möchte, einen Aufenthalt vor Ort. Dein Partner oder deine Partnerin sollte unbedingt dabei sein. Schau Dir das Arbeitsumfeld und die Wohn- und Einkaufsmöglichkeiten an, und wenn Du Kinder hast, die möglichen Schulen. Mit denen kannst Du vorher Gesprächstermine vereinbaren.

Wie ist es, mit Kindern ins Ausland zu gehen?

Genauso wie ohne, nämlich ein Abenteuer. Nur dass Du dann nicht der Einzige bist, der mit Erfahrungen reich gesegnet wieder zurückkommt oder weiterzieht. Nach meinen Erfahrungen kannst Du mit Kindern in jedem Alter in die meisten Länder dieser Erde gehen. Ich gebe jedoch zwei Sonderfälle zu bedenken: Jugendliche in der Pubertät und in der entscheidenden Runde vor dem Schulabschluss. Erstere befinden sich einer schwierigen Phase des Lebens, und auch wenn sie gerade gegen alles sind: Sie sind **für** ihr Umfeld mit all ihren Freunden und Vereinen. Sie dort herauszureißen, provoziert in den meisten Fällen einen Aufschrei, der Dir die Ohren klingeln lässt. Gehst Du trotzdem mit der Familie ins Ausland, dann hat die Familie schwere Zeiten mit einem unglücklichen Pubertier vor sich. Und das wird dein Kind alle mit Nachdruck spüren lassen. Ausnahmen, die die Regel bestätigen, soll es geben, vor allem dann, wenn der oder die Betroffene zustimmt. Sie scheinen aber selten zu sein, denn mir ist das nur ein Mal begegnet. Der zweite Sonderfall ist der, wenn es um die Karriere Deines Kindes geht. Wer bei der Berufsentscheidung die Qual der Wahl hat und die richtige und beste Lehrstelle oder weiterführende Ausbildung bekommen möchte, der braucht ein gutes Zeugnis. Und das bekommt der Jugendliche wohl eher nicht, wenn er sich im Jahr vor dem Abschluss an eine neue Schule, an ein anderes Schulsystem oder eine andere Sprache und Kultur gewöhnen muss. Hier gehen für mich die Interessen des jungen Erwachsenen vor.

Ich habe Mitarbeitern in diesen beiden Situationen immer geraten, aus Fairness gegenüber dem Kind auf einen Wechsel ins Ausland zu verzichten.

Einer meiner Kollegen in China hat aus Gründen des Schulabschlusses seine 17-jährige Tochter in Shanghai zurückgelassen, als er mit seiner Familie nach gut vier Jahren in Asien nach Europa zurückgezogen ist. Sie hat dort noch ihr letztes Schuljahr absolviert und den erfolgreichen Abschluss gemacht und so lange bei Freunden gewohnt. Dann ist sie ihrer Familie gefolgt. Auch diese Möglichkeit gibt es.

Deine Kinder sollten bei der Vorbereitung eines Auslandsaufenthaltes erste Priorität genießen. Informiere sie von

Anfang an, denn das hilft ihnen, sich an den Gedanken zu gewöhnen. Wir haben unseren Sohn sogar in den Entscheidungsprozess eingebunden (er war damals zehn Jahre alt). Und wenn es nicht gerade in die deutschsprachige Schweiz oder nach Österreich geht, dann empfiehlt es sich, sofort nach der Entscheidung mit dem Sprachunterricht für die Kinder zu beginnen. Jeder auch noch so kleine Entwicklungsschritt vor dem Wechsel hilft bei der anstehenden Integration. Das gilt im Übrigen auch für die Erwachsenen. Die Sprachschulung sollte nach der Ankunft im Ausland umgehend fortgesetzt werden. In Kanada war das vorbildlich geregelt, Einwandererkinder kamen anfangs in spezielle Klassen mit einem Intensivunterricht in Englisch (oder Französisch, je nach kanadischer Provinz). Ist das Kind im Schulalter, ist die Wahl der Schule vor dem Umzug zu treffen. Das Internet und – falls die Firma schon ein Büro vor Ort hat – die neuen Kollegen sind dabei die besten Auskunftsquellen.

Welche Vorbereitungen sind außerdem sinnvoll?

Ziehst Du (und Deine Familie) in eine andere Kultur, dann empfehle ich, noch im Heimatland ein interkulturelles Training zu durchlaufen. So lernst Du die Eigenheiten Deiner neuen Mitmenschen kennen und erfährst, wie man sich dort korrekt verhält. Meine Frau und ich haben vor dem Chinaaufenthalt ein zweitägiges interkulturelles Training gemacht. Es hat uns manche peinliche oder schwierige Situation erspart, in die wir sonst garantiert geraten wären. Wir haben genau gewusst, warum sich Chinesen manchmal so ganz anders als wir verhalten.

Eigentlich sollte man erwarten, dass man sehr viel Unterstützung von der Firma und der Personalabteilung bei der Vorbereitung erhält. So war ich vorher immer auf der Suche nach Informationen zum Beispiel über Themen wie Kranken-/Sozialversicherung, Steuern, Mietmöglichkeiten, Schulsystem und so weiter in dem jeweiligen Land. Allerdings: Die Personaler haben meist nicht im Ausland gearbeitet und können nicht so leicht nachvollziehen, was einen so alles bewegt. Noch weniger kennen sie sich mit dem spezifischen Land aus. Woher bekommt man dann die Informationen? Eine der besten Quellen, die es heute gibt, findest Du unter www.deutsche-im-ausland.org. Hier gibt es zu vielen Ländern umfangreiche Informationen, in denen alle diese Aspekte im Detail behandelt werden. Als ich damals eine entsprechende Broschüre gefunden hatte, waren die meisten Fragen auf einen Schlag beantwortet, und die notwendigen Schritte konnten mithilfe und über die Personalabteilung eingeleitet werden. Ich war damit auch in einer guten Position, meine Rechte gegenüber der Firma durchzusetzen, denn ich war nun sehr gut informiert.

Gehst Du mit einem Partner oder einer Partnerin ins Ausland, so braucht es auch die Vorbereitung beziehungsweise Aufmerksamkeit darauf, was er oder sie in dem Land macht. Arbeitet nur einer, dann fühlt sich der andere eventuell erst einmal verloren und einsam in der neuen Umgebung. Zum Beispiel: Dein Kind ist in der Schule, meist bis nachmittags, Du bist bei der Arbeit, umgeben von Kollegen, beide sind also gut beschäftigt. So könnte sich Dein Partner oder Deine Partnerin langweilen, wenn nicht von Anfang an geplant wird, womit er oder sie sich beschäftigen könnte. Wenn er oder sie auch arbeiten will, dann empfehle ich, dass der Arbeitsbeginn erst zwei Monate nach der Ankunft beginnt. Es gibt so viel Neues, das Aufmerksamkeit braucht, dass es gut ist, wenn er oder sie Zeit hat, diese Dinge zu erledigen (Bürokratie, Unterstützung von Kindern, Orientierung, wo man was bekommt und so weiter). Partner, die nicht arbeiten, können sich sehr schnell ein befreundetes Umfeld suchen, indem sie einem deutschen Club beitreten (die gibt es fast überall, denn wir scheinen allem Anschein zum Trotz doch Nomaden zu sein) oder sich bei der deutschen/österreichischen oder Schweizer Handelskammer oder bei einem sogenannten Newcomers-Club anmelden. Alle diese Vereinigungen veranstalten regelmäßige Treffen, zu denen man dann eingeladen wird. Die Teilnahme führt zu neuen Bekannten und es entwickeln sich auch Freundschaften. Das können Menschen aus der alten Heimat sein, die genau dasselbe schon durchgemacht haben und damit für den Neuankömmling eine enorme Hilfestellung sein können, bis hin zur Beantwortung der Frage, wo es denn das heißgeliebte Schwarzbrot gibt. Man staunt, bis in welch entlegene Gebiete es die deutsche Backkunst geschafft hat. Aber man trifft hier auch Menschen aus seiner neuen Heimat, zum Beispiel in der Handelskammer, die einen gerne und hilfsbereit in die unbekannte Kultur einweisen. Meine Frau und ich haben wenn möglich jede der Veranstaltungen wahrgenommen und so sehr schnell einen Freundeskreis aufgebaut, bis hin zu regelmäßigen Volleyballspielen.

Sport ist eine der schönsten und einfachsten Möglichkeiten, sich ein neues Umfeld zu erschließen.

Bist Du bereit, ein Abenteuer zu erleben?

Wir haben, obwohl ich ein einfacher Leiter einer deutschen Minifirma in Toronto war, sogar den damaligen Bundespräsidenten Richard von Weizsäcker dort kennengelernt, weil wir von ihm mit anderen deutschen Geschäftsführern eingeladen worden waren. Er hatte das Ballett der Hamburger Staatsoper zu einer Aufführung mitgebracht und alle, auch das Ensemble, beim anschließenden Büfett mit deutschem Bier vom Fass, das er in seinem Flieger mitgebracht hatte, bewirtet. Er war nicht die einzige herausragende

Persönlichkeit, die wir während unserer Auslandsaufenthalte erleben durften. Da war die alte Heimat dann wieder ganz nah, und falls jemand Heimweh hatte, so verflüchtigte es sich sehr schnell.

Heimweh ist heute leichter zu besiegen als früher. Mit den Möglichkeiten des Internets ist es einfach geworden, regelmäßig mit den Lieben daheim zu kommunizieren. Das war noch völlig anders, als wir in Toronto waren. Es gab nur das Telefon, und dessen Benutzung war enorm teuer. Später in Shanghai haben wir uns einmal die Woche vor den PC-Bildschirm gesetzt, um unserem ersten Enkel bei der Entwicklung zuzusehen. Da waren wir nicht mehr weit weg, sondern live dabei. Und noch etwas hat sich geändert: die Flugpreise. Mal kurz in die Heimat zu fliegen, ist nicht mehr so teuer, und so ist es bei Heimweh durchaus möglich, wenn auch nicht umweltschonend, „jederzeit" beziehungsweise zu bestimmten Gelegenheiten nach Hause zu jetten.

Jede neue Stadt, jedes neue Land und jeder neuer Kontinent hat Eigenheiten und Besonderheiten, die entdeckt werden wollen. Als Beispiel sei meine Frau genannt, die einst versucht hat, jeden Winkel der 20-Millionen-Stadt Shanghai zu entdecken. Nur um festzustellen, dass etwas sich schon wieder geändert hatte, wenn sie ein Jahr später an derselben Stelle war. Es war für uns beide das pure Abenteuer, wie wir auf unserer endgültigen Abreise im Flieger festgestellt haben.

Wir sind immer voll mit Erlebnissen, Eindrücken und Geschichten, die uns reich gemacht haben, heimgekehrt, egal, wo wir gearbeitet und gelebt haben.

Die meisten Firmen suchen händeringend nach Mitarbeitern, die bereit sind, ins Ausland zu gehen und so das Geschäft weiterzuentwickeln. Je weniger attraktiv der Standort ist, umso höher fällt das „Schmerzensgeld" aus. Nach Wien als attraktivster Stadt der Welt (zum achten Mal von im Ausland lebenden Arbeitnehmern dazu gewählt) wollen viele gerne, und dann stellen sie auch nicht zu viele Ansprüche. Um einen geeigneten Kandidaten für einen Job in Bagdad zu finden, müssen Firmen sehr tief in die Tasche greifen, denn Bagdad ist die unbeliebteste Stadt.

Wo immer auch ich gearbeitet habe: Es hat immer weniger Kandidaten als freie Stellen gegeben. Die Chancen, die Karriereleiter nach oben zu steigen, sind deshalb meistens größer als in der Heimat. Voraussetzung ist: Du musst bereit sein, diesen Schritt zu machen. Hast Du ihn ein Mal gemacht, sind die Sorgen und Bedenken beim zweiten Mal viel kleiner, denn es ist nicht mehr das große Unbekannte, der hohe Berg, den Du nun vor Dir siehst. Er ist jetzt viel kleiner, weil Du die Folgen rationaler einschätzen kannst. Darum gilt:

Wer ein Mal im Ausland war, geht wahrscheinlich auch beim nächsten Angebot.

Wenn Du bei der gleichen Firma bleibst, gibt es einen kritischen Faktor bei der Rückkehr in die alte Heimat zu beachten: Welchen Job bekommst Du dort, also im Stammhaus? Mancher ist schon zum falschen Zeitpunkt zurückgekehrt, denn es gab dann nicht wirklich die passende Stelle für ihn. Du solltest möglichst erst zurückgehen, wenn Du sicher sein kannst, nicht auf irgendeinem Verlegenheitsjob zu landen.

Was kannst Du außerdem tun? Nun: Halte immer Kontakt zum Stammhaus. Führe ab und zu ein Telefongespräch mit dem alten Chef und der Personalabteilung oder den alten Kollegen. So bleibst Du stets auf dem Laufenden, was in der Firma passiert. Und Du wirst nicht so rasch vergessen. So steigt die Wahrscheinlichkeit, dass Du dann, wenn eine passende Stelle frei wird, diese auch angeboten bekommst. Denn Du bist als Kandidat präsent und „in aller Munde".

Zum Nach- und Weiterdenken

➢ Warum ist ein beruflicher Auslandsaufenthalt für Dich und Deine Familie eine Bereicherung? Oder ist es das eher nicht?

➢ Was bedeutet es, dass der Arbeitseinsatz über einen begrenzten Zeitraum geht?

➢ Informiere Dich über die Realität und besiege Deine Vorurteile.

13.Verfeinere Deine Mindmap

In dem Kapitel „Welche Lebensbereiche sind Dir wichtig?" hast Du eine große Mindmap angelegt. Jetzt solltest Du bitte einem anderen Menschen (einer Freundin, Deinem Partner ...) circa 45 Minuten lang diese Mindmap erklären und ihm deutlich machen, wie sie zu dem Satz Deines Lebens aus dem neunten Kapitel passt. Notiere Dir alle Fragen und Kommentare. Und wenn Dir bei der Diskussion etwas durch den Kopf geht, gehört das auch aufs Papier, es wäre ein Verlust, wenn es verloren ginge. Überarbeite dann Deine Mindmap, indem Du die Kommentare, Fragen, Deine Antworten und Gedanken einfließen lässt. Verwende dafür eine andere Schriftart oder Farbe, damit Du die Ergänzungen immer identifizieren kannst.

Stopp, bitte nicht weiterlesen, bis das Gespräch stattgefunden hat.

14. Der Hilferuf: Nutze Deine Chancen

Wenn wir einen neuen Job übernehmen, werden wir in der Regel eingearbeitet, der neue Chef führt uns am ersten Tag in der Firma herum, stellt uns den Kollegen vor und zeigt uns unseren Arbeitsplatz. Oft finden wir dann Hinterlassenschaften unseres Vorgängers oder desjenigen vor, der den Schreibtisch vorher benutzt hat. Vor langer Zeit habe ich in Toronto eine Firma von null auf hundert gegründet. Da war alles anders. Einweisung und Einarbeitung fielen sehr bescheiden aus. Es gab in der Stadt zwar eine Holding mit zwei Mitarbeitern, von denen einer so gut wie nie da war (mein Chef). Immerhin aber griff mir die andere Person mit Rat und Tat unter die Arme, bis die Firma flügge war und ich ans andere Ende der Stadt zog, weil ich einen Lagerraum brauchte.

Klar: Es ist schon eine ganz andere Herausforderung, wenn nichts da ist. Vom Radiergummi bis zum PC habe ich damals in Toronto alles selbst organisieren müssen. Das hat weit mehr Spaß gemacht als in ein gemachtes Nest einzuziehen. Und es hat mich um viele Erfahrungen reicher gemacht, beruflich wie privat.

Das Büro war also eingerichtet, ich begab mich auf der Suche nach meinem ersten Mitarbeiter, um für Entlastung zu sorgen. Zudem brauchte ich jemanden an der Seite, mit dem ich Ideen diskutieren konnte. Da klingelte das Telefon und ein Freund aus Deutschland rief an. Sein Arbeitgeber hatte ihm ein Angebot gemacht, eine Aufgabe im Mittleren Osten zu übernehmen. Und der arme Kerl saß nach zahlreichen Diskussionen mit Familie, Freunden und der Firma zwischen allen Stühlen. Dazu muss man wissen, dass dies so um 1990 herum geschehen ist, und da sah es mit der Infrastruktur im Mittleren Osten noch nicht so rosig aus wie heute. Das war noch ein echtes Abenteuer (das ist es manchmal auch heute noch), denn westliche Annehmlichkeiten waren noch nicht so weit verbreitet. Mein Freund wäre gerne gegangen, aber seine Schwiegermutter und andere waren bereit, ihn dann für immer und ewig zu verdammen, denn seine schwangere Frau und ein zweijähriges Kind hätten mitgehen müssen. Die Bedenkenliste war also lang, und sie wurde immer umfangreicher durch das, was damals in den Medien über das Land im Mittleren Osten berichtet wurde. Seine Frau, obwohl schwanger, war dafür, den Schritt zu wagen. Die beiden hatten sich zusammen das Land vor Ort angesehen, um sich einen realistischen Eindruck zu verschaffen, und der stellte sich für sie dann doch als positiv heraus – aber leider nur für sie. Einige waren bereit, meinen Freund zu verstoßen, ja, zu enterben, wenn er ja sagen würde, und das bereitete ihm dann doch große Sorgen. Nun suchte er meinen Rat, denn ich war der einzige, den er kannte, der den Schritt ins Ausland gewagt hatte.

Nach einem gut anderthalbstündigen Gespräch habe ich ihn darin bestärkt, den Schritt zu wagen, denn es handelte sich um eine wirkliche Chance, und zurückgehen konnte er ja immer noch, wenn es nicht klappen würde.

Er hat das Angebot schließlich angenommen und ist ins Unbekannte aufgebrochen, gemeinsam mit seiner Familie. Er hat mir später gesagt, dass er ohne mein Zureden (ich war neben seiner Frau der einzige, der sein Vorhaben unterstützte) den Job abgelehnt hätte. Die Meinung seines Umfeldes hat sich dann übrigens ins Gegenteil gekehrt. Seine Schwiegermutter und andere Familienmitglieder und Bekannte, die dem Auslandsaufenthalt ablehnend gegenüberstanden, haben jedes Jahr sehr gerne bei meinem Freund und seiner Frau Urlaub gemacht. Die beiden haben weiteren Nachwuchs bekommen, die Kinder sind dort aufgewachsen. Nach sieben Jahren musste ihn seine Firma mit sanfter Gewalt zurückholen, weil er und seine Familie überhaupt nicht mehr aus dem Mittleren Osten weg wollten.

Jede Medaille hat mindestens zwei Seiten

Dieses Erlebnis bringt es auf den Punkt, warum ich dieses Buch unbedingt schreiben wollte. Die Geschichte meines Freundes hat zwar einen positiven Ausgang genommen. Zu oft jedoch habe ich erlebt, dass und wie sich für Menschen neue Chancen im Beruf aufgetan haben und sie diese einfach nicht genutzt haben. Warum nicht? Ein bedeutender Faktor scheint mir zu sein, dass viele Menschen zunächst einmal nur die negativen Aspekte wahrnehmen, die sie wieder und wieder in Gedanken durchspielen, bis sich ein Negativ-Szenario bildet, das einem wahrlich Angst und Schrecken einjagt. Bei einem Jobangebot muss man sich aber alle Aspekte anschauen, die positiven und die negativen. Die Minusseite hilft uns, nicht blind in etwas hineinzurennen, sondern im Gespräch die richtigen Fragen zu stellen und die Antworten angemessen zu bewerten. Risiken werden erkannt und minimiert oder sogar eliminiert. Nicht alles, was glänzt, ist auch tatsächlich Gold. Und die wirklich positiven Aspekte fördern unseren Enthusiasmus für die Veränderung und unsere Weiterentwicklung.

Wo also liegt nun der Haken? Du kennst bestimmt den schönen Ausdruck von der „German Angst". Er wird von manchen Politikern sehr gerne benutzt, um auf Stimmenfang zu gehen. Ich frage mich: Geht es uns in diesem Lande (und auch anderen westlichen Staaten) so gut, dass wir keine Veränderung mehr wollen? Ich denke, es gibt sicherlich noch eine ganze Menge zu verbessern. Und die Welt um uns herum verändert sich immer schneller. Wenn wir dann so bleiben, wie wir sind, werden wir vieles verpassen. Persönliche Entwicklung braucht den Mut zur Veränderung sowie die Neugierde auf das Unbekannte.

Nach meinem Verständnis und Lebensmotto bin ich auf dieser Erde, um mich zu entwickeln, und das kann ich nur, wenn ich mich weiterbewege und nicht immer auf derselben Stelle herumtrete.

Ich gestehe aber auch ein, dass es Menschen gibt, die genau das und nichts anderes wollen. Und das ist dann für mich auch in Ordnung.

Jede Weiterentwicklung erfordert Mut und Risikobereitschaft, es muss ja nicht gleich der Mittlere Osten oder China sein. Außerdem erfordert es Willen, Kraft und Ausdauer. Wir entwickeln Gewohnheiten im Alltag, um möglichst alles, was wir unternehmen, zu automatisieren. Es spart Kraft, wenn man beim Gehen nicht an jeden einzelnen Schritt denken muss. Um etwas Neues zu verwirklichen, müssen wir uns von unseren Gewohnheiten verabschieden und aus unseren Routinen ausbrechen, sie hindern uns an der Weiterentwicklung. Etwas anders zu machen ist eine Anstrengung. Mit jedem Schritt lernen wir etwas dazu und sammeln

Erfahrungen, die uns keiner nehmen kann. Dazu tragen auch die negativen Erfahrungen bei. So habe ich zum Beispiel bei der Bundeswehr erkannt, wie ich niemals als Führungskraft sein möchte und wie ich niemals als Mitarbeiter behandelt werden möchte. Das waren manchmal keine angenehmen Erfahrungen, aber sie haben mich etwas Positives gelehrt. Ich hoffe, meine späteren Mitarbeiter können bestätigen, dass ich meine Lektionen gelernt habe.

Die Risikobereitschaft nimmt wohl mit zunehmendem Alter ab. Deshalb ist meine Empfehlung, dass Du Dich so früh wie möglich den Veränderungen stellst. Wenn Du dann siehst, dass es Dir hilft, Dich auf Veränderungen und das Abenteuer der Weiterentwicklung einzulassen, dann bist Du auch bereit, den nächsten Schritt zu gehen.

Übung: Die Plus- und Minusaspekte Deiner Weiterentwicklung

➢ Wenn Du Dich entschlossen hast, den nächsten Schritt auf dem Weg zu Deiner Weiterentwicklung zu gehen, lohnt es sich, die Gedanken zu strukturieren und in einer Matrix die Plus- und die Minusaspekte zu notieren: Was ist positiv, was ist negativ? Indem Du die Punkte aufschreibst, beendest Du das Gedankenkarussell und sorgst dafür, dass kein Gedanke verloren geht.

➢ Hast Du einen Freund/eine Freundin oder einen Bekannten, der Dich sehr gut kennt und Deine Minus- und die Plusaspekte einschätzen kann? Dann prüfe mit dieser Person, ob Deine Gedanken zutreffend sind. Überdies erhältst Du weitere Anregungen, um Deine Plus-Minus-Liste zu erweitern.

Zum Nach- und Weiterdenken

➢ Zwischen Sorgfalt und Angst ist ein großer Unterschied.

➢ Gibt es Chancen, die Du „überhört" hast?

➢ „Ohne Anstrengung gibt es kein Glück."

15. Was und wie bist Du wirklich?

Ein Spiegel ist eine tolle Sache, er zeigt mir, wie ich aussehe, geschminkt und ungeschminkt. Ich kann Fratzen davor schneiden und feststellen, wie sie auf mich wirken. Leider gibt mir die Spiegelung nur meine eigene Sicht wider. Wie andere mich sehen, wird dabei nicht deutlich. Du erinnerst Dich an das zweite Kapitel „Berufung finden: Wo fangen wir bloß an – und wie?" – hier geht es auch darum, wie wichtig es ist, die Perspektive zu wechseln und einen anderen Blickwinkel einzunehmen. Es ist hilfreich zu erfahren, wie andere Menschen Dich wahrnehmen und was sie über Dich denken. Es gibt also ein Selbstbild und ein Fremdbild. Stimmen sie überein oder widersprechen sie sich zumindest nicht, kann so etwas wie Harmonie entstehen.

Allerdings: Menschen unterhalten sich gerade deshalb sehr gerne über andere, weil sie ein anderes Bild von ihrem Gegenüber, Freund, Kollegen oder Mitarbeiter haben. Wenn Du Kenntnis davon hast, was die anderen über Dich denken, hältst Du eine sehr wertvolle Information in der Hand. Diese Meinung kann richtig, aber auch falsch sein, in beiden Fällen jedoch ist es für Dich von Nutzen, die Einschätzung anderer Personen zu kennen.

Du verfügst dann neben Deinem eigenen Spiegel über einen zweiten, der Dich vielleicht in einem ganz anderen Licht erscheinen lässt.

Hole aktiv Rückmeldungen – vor allem kritische

Im Beruf hilft es Dir enorm, mit den Menschen um Dich herum gut zusammenzuarbeiten, um gemeinsam etwas Positives zu erreichen. Es macht Freude und führt zu Zufriedenheit und bringt Dich voran. Wenn die Menschen um Dich herum etwas an Dir nicht gut finden oder Du etwas nicht so machst, wie sie es von Dir erwarten, dann gibt es normalerweise einen Grund dafür. Du solltest versuchen, ihn zu erkennen, und Dich fragen, ob es notwendig ist, etwas zu verändern. Der Grund kann in Deinem Verhalten liegen, das muss aber nicht so sein. Dazu ein Beispiel: Ein junger Mann hat gerade seine Berufsausbildung abgeschlossen und beginnt seinen ersten bezahlten Job. Zusammen mit einem älteren Kollegen soll er eine Aufgabe erledigen. Der Neuankömmling hat natürlich wenig Ahnung, und der Ältere empfindet ihn als Belastung, denn er muss ihm vieles erklären. Das macht er eigentlich gerne, aber er fürchtet, dass er sich einen Konkurrenten für sich selbst heranzieht. So schwankt die Stimmung zwischen den beiden hin und her. Das liegt nicht an dem jungen Mitarbeiter, denn dieser kann nichts dafür, dass er ein Berufsanfänger ist. Und doch ist seine Anwesenheit die Ursache.

Der Berufsanfänger, den ich hier beschreibe: Das bin ich selbst als frisch gebackener Ingenieur. Ich hätte gerne ein gutes Verhältnis zu meinem Kollegen gehabt, aber natürlich haben mich die Spannungen zwischen uns aufgerieben und unzufrieden gemacht. Und das traf wohl auch auf den älteren Kollegen zu. Als mir die Gründe dafür klar wurden, habe ich mir eine Taktik zurechtgelegt, wie ich langsam aber sicher die Situation verbessern könnte. Und das funktionierte so: Hat er mir etwas erklärt, habe ich genau zugehört und ihm die gebührende Aufmerksamkeit geschenkt. Er brauchte mir Dinge nur ein Mal zu erklären, so wurde seine wertvolle Zeit nicht verschwendet. Ich habe ihn wissen lassen, dass ich ihm für die Unterstützung sehr dankbar war. Und wenn er einen schlechten Tag hatte, bin ich ihm immer freundlich und zuvorkommend begegnet. Es hat ein Jahr gedauert, da wurde er mein Freund. Wir haben zusammen tatsächlich über drei Jahre lang sehr viel Erfolg gehabt. Beide haben wir daraus für unsere Karrieren profitiert. Die Firma konnte einige sehr lukrative Aufträge an Land ziehen, und mein Kollege war der unumstrittene Spezialist für die dafür notwendige Technik. So konnte er sein enormes Wissen zur Freude der Firma und der Kunden zur Geltung bringen. Ich wurde am Ende für ein

Projekt ausgewählt, bei dem die Firma etwas Neues ausprobieren wollte.

In dem Beispiel sind die Spannungen zwischen den beteiligten Menschen aufgrund der Situation und den Umständen entstanden. Aber die Entstehung solcher Spannungen kann natürlich auch an mir selbst liegen. Verhalte ich mich falsch oder mache Fehler, dann wird mein Umfeld das nicht gut finden. Wenn mich aber niemand auf das falsche Verhalten aufmerksam macht: Woher soll ich es wissen? Spüre ich, dass es ein Problem gibt, dann hilft es nur, die Kollegen zu fragen (wenn ich nicht selbst darauf komme). Leider wird mancher der Befragten sagen, es sei alles in Ordnung, auch wenn dies nicht stimmt. Besser jedoch wäre es, sie würden mir mit einer klaren Rückmeldung helfen, das Problem zu erkennen, anzupacken und es zu lösen. Leider aber ist es so, dass die meisten Menschen ihre Kritik dem anderen nicht gerne direkt und ehrlich ins Gesicht sagen wollen und können. Sie befürchten eine unangenehme Reaktion des kritisierten Menschen. Und so beschweren sie sich lieber bei anderen und „hintenherum" über Dich. Und da bekommen sie sogar noch Zustimmung.

Wie lässt sich die Situation also ändern? Damit andere die kritischen Punkte offen ansprechen, solltest Du bereit sein, Dir ihre Meinung anzuhören und auch zu akzeptieren (auch wenn Du anderer Meinung bist). So erwirbst Du Dir den Ruf, kritikfähig zu sein, und dann trauen sich die anderen vielleicht auch eher, ihre kritischen Äußerungen Dir gegenüber zum Ausdruck zu bringen, und nicht hinter vorgehaltener Hand. Erhältst Du das Feedback nicht direkt und unmittelbar, versuche andere in Deinem Umfeld zu fragen, ob sie Dir helfen und die Situation erklären können. Ein nicht direkt Betroffener hat vielleicht etwas gehört und erzählt es Dir.

Ich spreche in diesem Zusammenhang gern vom Phänomen des „schlechten Atems". Was meine ich damit? Es ist wie mit Mundgeruch: Jeder weiß es, jeder merkt es – nur der Betroffene selbst ist ahnungslos, weil sich niemand traut, ihn darauf hinzuweisen. Es ist allen unangenehm. Wie aber soll der Betroffene etwas ändern, wenn ihn niemand auf das eigentliche Problem aufmerksam macht? Wenn niemand ihm einen entsprechenden Hinweis gibt?

Du hast ein Recht auf Feedback

Dein Chef sollte Dir regelmäßig eine Rückmeldung geben, was Du gut machst und wo Du Dich noch verbessern musst. Du hast geradezu einen Anspruch auf konstruktive und produktive Rückmeldungen. Aber Chefs sind auch nur Menschen, und oft trauen sie sich aus den unterschiedlichsten Gründen nicht, ein ehrliches und offenes Feedback zu geben. Zuweilen sind sie schlicht und einfach gesagt zu feige dazu. Dann brauchst Du jemand anderen in der

Firma, der Dir Rückmeldung gibt. Verstehst Du Dich also mit jemandem gut, der Deine Arbeit auch einschätzen kann, dann frage diese Person und bitte sie um eine offene Rückmeldung. Das kann ein Kollege oder der Leiter einer anderen Gruppe sein, ein Betriebsrat, ein Freund ...

Vor allem, wenn Du jung bist und Dich noch entwickeln darfst, kannst und musst, brauchst Du einen solchen Mentor oder Lehrer. Such ihn Dir aktiv aus, auch wenn seine Kritik Dich manchmal betroffen macht. Diese Betroffenheit ist meistens sogar ein gutes Zeichen, denn sie zeigt, dass der Mentor den Finger in die Wunde gelegt hat. Die Kritik hilft Dir weiter, und so entwickelst Du Dich Schritt für Schritt weiter.

Bist Du schon älter? Dann solltest Du Dir trotzdem einen kritischen Begleiter suchen, der Deine Weiterentwicklung vorantreibt. Denn diese Weiterentwicklung ist heutzutage ein lebenslanger Prozess, der praktisch nie endet. Es gibt an den Universitäten immer mehr „Rentner", die als Gasthörer Neues lernen wollen. Das sind die passenden Vorbilder für Dich.

Durch die regelmäßige Rückmeldung bekommst Du mit der Zeit ein eigenes Gespür dafür, wo etwas schiefläuft. Du merkst, dass das kleine innere Glöckchen klingt, weil etwas nicht stimmt. Hörst Du es, dann kannst Du darüber nachdenken. Dann genügt vielleicht ein kleiner Hinweis oder Anstoß von außen, und Du erkennst mögliche Verbesserungspotenziale.

Es ist das Zusammenspiel von Selbstkritik und Fremdkritik, von Selbstbild und Fremdbild, das Dich voranbringt. Der Blick in den eigenen Spiegel und der Blick in einen zweiten – oder auch dritten – Spiegel, den Dir ein anderer Mensch vorhält, erlauben Dir in der Gesamtschau Rückschlüsse, was Du tun solltest, um der zu werden, der Du wirklich bist.

Zum Nach- und Weiterdenken

➤ Suche aktiv nach Kritik und Verbesserungsvorschlägen, damit Du Dich entwickelst.

➤ Welche Menschen kannst Du um eine ehrliche Einschätzung Deiner Person, Deiner Handlungen und Taten bitten?

---

16. Formuliere Deine Zielsätze mit Herz und Verstand

Du brauchst wieder eine gute Atmosphäre, um kreativ zu sein. Vielleicht machst Du etwas Sport oder gehst raus, um frische Luft zu schnappen. Vor Dir liegen dann Deine Mindmap und der Satz Deines Lebens. Die Aufgabe: Schreib auf einen Zettel für jeden Deiner Bereiche einen bis drei Zielsätze. Das Beispiel zum Thema Beruf zeigt, worauf es ankommt:

1. „Es ist 2022 und ich bin Reiseleiter, der die Touristen durch sein Wissen und spannende Erzählungen fasziniert."
2. „Ich bin selbstständig, mein eigener Herr. Ich verdiene damit meinen Lebensunterhalt."
3. „Mein Spezialgebiet sind Wanderungen in und über die Alpen."

Da weiß jemand sehr genau, was er will. Diese drei Sätze folgen ein paar wichtigen Regeln:

➢ **Sie sind konkret und präzise**. Sie sind also sehr zielorientiert formuliert, so dass Du sehr gut erkennen kannst, ob und wann Du Deine Ziele erreicht hast.

> **Sie sind positiv formuliert.** Es kommen keine Wörter wie „nicht" oder „kein" vor. Der Grund: Unser Gehirn „versteht" keine Verneinungen. Das klassische Beispiel ist: „Denke nicht an einen rosa Elefanten!" – Nun, woran hast Du gedacht? Ein Zielsatz wie „Ich ernähre mich gesund" ist also besser als „Ich esse keine Schokolade mehr".

> **Sie sind in der Gegenwartsform formuliert.** Mithin so, als hättest Du das Ziel schon erreicht. Das ist wichtig für die Verarbeitung der Zielsätze in unserem Gehirn.

> **Vergleiche kommen nicht vor.** Vermeide Vergleiche wie „schneller, höher, weiter, mehr ..." und beschreibe die Ziele so exakt wie möglich.

Ich will nicht verschweigen, dass in diesen Regeln auch eine Falle steckt. Sie lässt sich am besten mithilfe eines Ziels beschreiben, das viele in unserer Wohlstandsgesellschaft zum Wahnsinn treibt, weil sie es nicht oder nur kurzfristig erreichen: das eigene Wunschgewicht. Diäten sind ein Milliardengeschäft, viele Zeitschriften und Buchautoren leben davon. Aber: Hungerdiäten bringen nichts, Punkt – DAS ist wissenschaftlich erwiesen, und sonst nichts. Unser Körper ist darauf programmiert, Energie für den Ernstfall zu „sparen" und vorrätig zu halten, und so kommt es zum Jo-Jo-Effekt, mit dem uns der Körper zeigt, wer hier der Boss ist. Also ist ein Ziel: „Ich will zehn Kilo abnehmen" eine selbstgestellte Falle. Du rackerst Dich ab, schaffst es kurzfristig sogar, aber am Ende sitzt Du mit zwölf Kilo mehr wieder völlig demotiviert da. Das ist nicht das Ziel der Übung. Darum: Sei kritisch, wenn Du Deine Sätze formulierst, und klopfe diese darauf hin ab, ob Du „es" wirklich schaffen kannst.

Anspruchsvoll dürfen die Ziele ruhig sein, aber sie müssen auch realistisch und machbar sein. Und sie sollen Spaß machen, Du solltest Dich also darauf freuen.

Wie sollte das Zehn-Kilo-Ziel anders formuliert werden, damit Du wirklich etwas für Deine Gesundheit tust? Mein Vorschlag:

„Ich ernähre mich gesund" (zum Beispiel: nur drei Mahlzeiten am Tag mit viel Obst und Gemüse, Weglassen von Zwischendurch-Snacks, Zucker meiden, nur ein Glas Wein/Bier jeden zweiten Abend ...) „und treibe jeden zweiten Tag 15 bis 30 Minuten Sport."

Das kriegst Du mit der Zeit hin und Du hast fast jeden Tag ein motivierendes Erfolgserlebnis, wenn Du es umgesetzt hast. So bringt Dich das Ziel wirklich weiter.

Vielleicht brauchst Du für jeden Bereich eine Arbeitseinheit mit 30 Minuten, denn es könnte sonst zu viel auf einmal werden. Setze Dir also Teilziele, die sich auch tatsächlich verwirklichen lassen. Das Ergebnis solltest Du wieder Deinem (Gesprächs-)Partner präsentieren. Seine Fragen und Kommentare sind für Dich Gold wert, denn sie sind Hinweise auf Ungereimtheiten und Unklarheiten und zeigen Dir, wo Du Deine Zielsätze noch verbessern kannst.

Zum Nach- und Weiterdenken

➢ Hast Du Dir schon einmal ein Ziel gesetzt, das Du nicht erreichen konntest? Warum hat es nicht geklappt?

➢ Welche Deiner selbstgesteckten Ziele hast Du erreicht? Warum und wie hast Du das geschafft?

Los geht's und dann erst ran an das nächste Kapitel.

17.Der Jobverlust als Chance

Ich erinnere mich an eine recht schwierige Situation in meinem Leben: Gerade bin ich von der Baustelle unseres neuen Einfamilienhauses trotz meines Urlaubs in die Firma gefahren, weil ich zu einem dringenden Gespräch gerufen wurde. Vor mir sitzen der Eigentümer und sein Anwalt und händigen mir etwas betreten meine Kündigung aus. Ich bin tief bestürzt, denn unser Haus ist weniger als halb fertig, und nun weiß ich gar nicht, ob wir hier in dieser Gegend überhaupt bleiben. Andererseits bin ich gefasst und schlage vor, dass die Anwälte alles Weitere regeln, und verabschiede mich.

Erst die Hilflosigkeit, dann die Chance

Meine Frau und ich sind mehrere Tage in einem Zustand, in dem wir keinen klaren Gedanken fassen können. So ein Hausbau ist eine ziemliche Ablenkung und die Handwerker erfordern eine Menge Aufmerksamkeit. Ich durchlebe ein Wechselbad der Gefühle, mit dem ich hoffentlich nur dieses eine Mal im Leben konfrontiert werde. Ich bin wütend und zugleich enttäuscht, denn die Zusagen der Firma vor dem Beginn des Hausbaus, der erst drei Monate zurückliegt, waren eindeutig und sehr positiv. Stattdessen kommen bei uns jetzt Existenzängste auf. Unser Geld steckt in diesem halbfertigen Haus. Wird die lokale Bank zu ihrer Kreditzusage stehen? Denn die Banker werden von dem Verlust des Arbeitsplatzes sicherlich erfahren. Kann man so ein Haus überhaupt verkaufen, in diesem Zustand? Sollen wir versuchen, preiswerter weiterzubauen, um das Risiko zu minimieren? Ohne das Haus würde ich mir woanders einen neuen Job suchen, wir zögen um (damit haben wir Erfahrung) – und fertig. Aber so? In unseren Köpfen drehen sich diese Gedanken wie ein Karussell, nur schneller. Und ein so verwirrter Kopf findet erst einmal keine Antworten. Als ich kurz darauf ganz oben auf dem Baugerüst sitze und das Holz streiche – ich liebe eigentlich die Aussicht von hier –, übermannt mich die Traurigkeit und ich sacke förmlich in mich zusammen. Mein normaler Impuls wäre jetzt: „Reiß dich zusammen, du kannst dich jetzt nicht gehen lassen!" Aber genau das tue ich nicht in diesem Moment: Ich ergebe mich in meine Trauer und Hilflosigkeit und bleibe zusammengesackt da oben sitzen. Aber je länger ich so sitzen bleibe, desto mehr finde ich es nicht nur in Ordnung, ich genieße es sogar. Wie bitte? Ich kann dieses Gefühl nur schwer beschreiben. Dadurch, dass ich mich der Trauer ergebe, aber nicht fliehe, fühle ich mich immer besser. Ich bleibe, bis ich das Gefühl meiner Hilflosigkeit bis zum Ende ausgekostet habe. Diese extreme Emotion ist danach nicht mehr wieder gekommen, und ich vermute, es liegt daran, dass ich sie bis zu Ende ausgehalten habe. Sie hat sich verbraucht. Aber die Fragen bleiben, und das Karussell auch. Das dauert an, auch als ich relativ rasch ein Jobangebot finde, das ich für mich passend finde und auf das ich mich bewerben will.

Vor mir liegen mein Laptop und die Stellenbeschreibung. Ich versuche verzweifelt, einen Bewerbungsbrief zu verfassen. Das wäre sonst eine Angelegenheit von 15 Minuten. Aber mein Kopf, mein Hirn und mein Verstand verweigern sich. Ich bin total blockiert. Ich schiebe mein Laptop beiseite und gehe mit der Anzeige sowie Papier und Bleistift in den Garten. Ich sitze einfach nur herum – und trotzdem passiert etwas. Alle zehn Minuten, während ich träumend und gedankenlos in den Garten schaue, kommt mir ein Wort in den Sinn, ich schreibe sie auf den Zettel. Nach zwei Stunden schaue ich auf den Zettel, und die wenigen Worte ergeben für mich plötzlich einen Sinn. Es ist die kürzeste Bewerbung, die ich je geschrieben habe:

„Ihre Stellenanzeige ist eine Kopie meines Lebenslaufes, ich bin der, den Sie suchen.“

Dann falle ich wieder in Trance und das Karussell in meinem Kopf beginnt wieder Fahrt aufzunehmen. In den Wochen und Monaten danach bewerbe ich mich nur auf die Stellenanzeigen, die genau zu mir und meinen Zielen passen. Es sind insgesamt nur fünf Stück. Alle anderen – wo etwas nicht passt, bei mir, der Stelle oder der suchenden Firma – lasse ich aus.

Nach vorn blicken und klare Entscheidungen treffen

Nach meinem langen Moment der Trauer auf dem Gerüst atme ich tief durch, richte mich auf und fälle einen ersten Entschluss: Ich werde die nächsten Wochen nur noch nach vorne schauen und versuchen, die Zukunft zu meistern. Ich werde keinen Gedanken und keine Kraft an die Vergangenheit verschwenden, die ich sowieso nicht mehr ändern kann. Das Warum spielt jetzt keine Rolle. Erst wenn ich weiß, wohin es geht, und ich den passenden neuen Job gefunden habe, werde ich mich noch einmal kurz und intensiv mit den wirklichen Gründen für meine Kündigung beschäftigen, die mit dem BlaBla, das bei Kündigungen aus Vorsicht vor rechtlichen Konsequenzen so erzählt wird, nichts zu tun haben. Denn ich muss etwas daraus lernen, damit es mir nicht wieder passiert.

Und was ist mit den Momenten meiner Wut? Ich gehe zum Sport und tobe mich aus. Aber das reicht nicht, deshalb gehe ich in den Wald, suche mir einen abgebrochenen handlichen Ast. Mit dem schlage ich wütend auf einen Baumstamm ein, der am Wegesrand liegt. Das geht so lange, bis mir die Hände weh tun. Die Gedanken, die mir dabei durch den Kopf schießen, behalte ich lieber für mich.

Wenn ich einen Rat brauche, dann rufe ich einen guten Freund an, der etwas von der Sache versteht, mit der ich Probleme habe. Zum Glück habe ich für diese berufliche Situation genau den richtigen Ansprechpartner. Wenige Tage nach der Kündigung erzähle ich ihm ausführlich, was geschehen ist und wie es mir geht. Er erkennt, dass ich und auch meine Frau noch immer in einem Zustand der geistigen Umnachtung sind. Er rät mir, den Koffer zu packen und mit meiner Frau für eine Woche irgendwo hinzufahren, wo wir Ruhe haben, allein sind und am besten gemeinsam lange spazieren gehen können. Während dieser Spaziergänge können wir uns unterhalten, nachdenken, zur Ruhe kommen und zu guter Letzt die richtigen Entscheidungen treffen.

Und genau das haben wir gemacht, aber nur für drei Tage, denn länger wollten wir die Handwerker nicht allein auf unserem Bau lassen. Mein Freund hatte recht, wir haben uns langsam aber sicher in diesen Tagen sortiert und dann Entscheidungen gefällt: Wir bauen unser Haus so zu Ende, wie es geplant war. Nur die kostspielige Solaranlage lassen wir erst einmal weg und legen nur die Leitungen dafür. Dann passt alles zusammen, das Haus wird wie aus einem Guss. Wenn wir wegziehen sollten, dann wird das Haus auch einen

Käufer finden. Ich suche meinen neuen Job unabhängig von diesem Haus. Er kann irgendwo in Deutschland, Europa oder der Welt sein.

Was jetzt hier so klar und einfach klingt, ist das Ergebnis von vielen Gesprächen auf unseren Spaziergängen und von Aktionen, die wir in den Tagen danach unternommen haben (zum Beispiel Immobilienspezialisten um Rat fragen). Meiner Frau und mir haben diese klaren Entscheidungen sehr gut getan. Wir waren im Kopf und emotional nicht mehr blockiert und haben nach vorne geschaut. Unser Haus wachsen zu sehen, hat uns wieder Freude gemacht, obwohl wir nicht wussten, ob wir selbst jemals darin wohnen würden. Da ich von der Firma freigestellt war, konnte ich den ganzen Tag auf der Baustelle verbringen, die Handwerker mit ihren Terminen organisieren und dafür sorgen, dass sie so bauen, wie wir es haben wollten. Und obendrein habe ich einiges selbst gemacht. Im Rückblick betrachtet, war der Umstand, viel Zeit für den Hausbau zu haben, ein glücklicher. Wenn da nicht noch die Herausforderung gewesen wäre, einen neuen Job zu finden.

Blick nicht zurück im Zorn

Meine kurze Bewerbung auf die Stellenanzeige oben war tatsächlich ein Treffer. Aber es hat viele Monate und mehrere Vorstellungsgespräche gedauert, bis ich einen unterschriebenen Vertrag in den Händen hielt. Am Tag des Einzuges in unser fertiges

Haus habe ich auch meinen ersten Arbeitstag gehabt. Und die Firma war nur 50 Kilometer entfernt, die ich in 30 Minuten zurücklegen konnte (wenn kein Stau war). Und in dieser Firma begann für mich die glücklichste Zeit und erfolgreichste Arbeit, die ich je hatte. Ich bin in verschiedenen Funktionen bis zu meinem Ruhestand in diesem Unternehmen geblieben.

Schaue ich nun zurück auf diese Kündigung und die harte Zeit, die dann folgte, dann war es das Beste, was mir passieren konnte. Ich habe einen für mich besseren Arbeitgeber gefunden, denn ich passte genau zu der Kultur dieser Firma. Ich habe mich erheblich weiterentwickelt – auch, weil ich mir dann tatsächlich noch sehr genau angeschaut habe, warum ich diese Kündigung erhalten hatte. Wenn ich in den Wochen zuvor genauer hingeschaut hätte, dann wäre mir aufgefallen, dass etwas nicht stimmt. Ich habe in den Jahren danach viel mehr auf kleine Vorkommnisse und Veränderungen geachtet, und wenn mein Bauchgefühl nicht gut war, dann habe ich sofort reagiert und versucht, das aufkommende Problem zu lösen. Aber die wahren Gründe für meine Kündigung habe ich durch Zufall ungefähr ein Jahr später erfahren, sie hatten nichts mit mir zu tun. Ich bin einigen Freunden und unseren Nachbarn sehr dankbar, dass sie mich, jeder auf seine Weise, in dieser schweren Zeit unterstützt haben.

Das Ende eines Jobs muss kein Beinbruch sein. Ganz im Gegenteil, es bietet eine neue Chance, die man ergreifen kann beziehungsweise sollte.

Ich habe in meinem Berufsleben einige sehr ähnliche Geschichten von anderen Menschen gehört. Das Fazit im Nachhinein war immer das gleiche: „Die Kündigung war das Beste, was mir passieren konnte!"

Klingt jetzt gar nicht mehr komisch, oder?

Zum Nach- und Weiterdenken

➢ Der Jobverlust ist eine Chance, nutze sie.

➢ Schau nach vorne und gestalte die Zukunft, die Vergangenheit kannst Du nicht ändern.

➢ Schau Dir einmal genau an, warum Du den Job verloren hast. Was machst Du in Zukunft anders?

➢ Lass Deine Wut und Trauer raus.

➢ Nimm Dir ein paar Tage eine komplette Auszeit zum Nachdenken – ohne Ablenkung.

➢ Habe dabei eine Person Deines Vertrauens als Stütze an Deiner Seite.

18. „Wirst alt wie 'ne Kuh und lernst immer noch dazu": Ohne Training geht es nicht

Aus dem Sport kennen wir das. Als Kinder und Jugendliche waren wir fast alle im Sportverein und gingen mehr oder weniger oft zum Training. Wir haben viel Spaß gehabt, uns zu bewegen und zu lernen, Neues von unserem Trainer aufzunehmen und gemeinsam mit anderen mehr und mehr eine oder sogar mehrere Sportarten zu beherrschen. Wer es nicht beim Sport erlebt hat, der hat es in anderen Disziplinen erlebt. Der eine hat Gitarre spielen gelernt, die andere das Programmieren geübt. Kaum jedoch sind wir erwachsen, schon lässt das Trainingsengagement nach, und leider hören viele dann auch irgendwann mit dem Sport und dem Training ganz auf. Kommt bei Dir gerade ein bisschen Wehmut auf, wenn Du an diese Zeit zurückdenkst? Ich kann mir den Spruch unserer dänischen Haushaltshilfe nicht verkneifen: „Wirst alt wie 'ne Kuh und lernst immer noch dazu." Es lohnt sich, immer wieder mit etwas Neuem anzufangen und dafür auch zu trainieren.

Wieso wenden wir das Prinzip, zu trainieren, um etwas zu lernen und um besser zu werden, als Erwachsene nur noch begrenzt oder gar nicht mehr an? Haben wir es mit dem Abschluss der Schule und der Berufsausbildung nicht mehr nötig, dazuzulernen? Oder haben wir nach den vielen Jahren in der Schule, der Berufsschule oder der Hochschule einfach keine Lust mehr, „zur Schule zu gehen"? Oder haben wir diese Verantwortung an unseren Arbeitgeber ausgelagert, der diese Pflicht aber auch nur begrenzt wahrnimmt? Ich habe sehr oft in Unternehmen von Mitarbeiter gehört, dass sie die Initiative und Umsetzung von Weiterbildung vom Betrieb erwarten. Punkt. Und wenn das nicht geschah, dann passierte in dieser Beziehung halt nichts.

Die Welt dreht sich ständig weiter. Vorgestern haben wir eilige schriftliche Nachrichten per Telex verschickt. Weiß noch jemand, was das ist? Das ist erst 30 Jahre her. Gestern ging die schnelle Kommunikation per Telefax und heute per E-Mail, über die sozialen Netzwerke und SMS. Was wird es morgen sein? Die Kinder von heute haben es einfach, sie werden damit aufwachsen und es mit der Muttermilch aufnehmen. Aber wie und von wem werden die heute 25-Jährigen die nächste Technologie erlernen? Vielleicht von ihren Kindern, okay, wenn sie denn welche haben. Und die anderen werden nebenbei etwas mitbekommen, damit sie zumindest einigermaßen mithalten können. Oder sie absolvieren dazu eine richtige Fortbildung. Die Möglichkeiten, die z.B. Microsoft Office, sprich Word, Excel und PowerPoint, bieten, kann man nicht so nebenher erlernen. Wenn man diese Programme effektiv und sinnvoll einsetzen will, dann lässt man sie sich am besten von einem

Spezialisten zeigen. Und so ändert und entwickelt sich in unserer Arbeitswelt ständig und überall etwas. Schon um gleich gut zu bleiben, braucht es regelmäßig Weiterbildung.

Wenn Du in Deinem Beruf vorne mit dabei sein oder sogar Karriere machen willst, dann ist Fortbildung ein Schlüssel zum Erfolg.

Da es um Deinen Erfolg geht, kannst Du es nicht anderen überlassen, was Du noch lernen willst und musst. Warte nicht auf Deinen Arbeitgeber, bis er auf Dich zukommt. Das kann zu spät sein, vielleicht passiert es auch nie. Es liegt in Deinem Interesse, dass Du morgen mehr kannst als heute.

Wie aber kannst Du das anpacken? Beachte dabei sechs Punkte.

Punkt 1: Suche das Gespräch mit Deinem Chef

Ich hoffe, Du hast einen Chef, der mit Dir regelmäßig (mindestens ein Mal pro Jahr) ein Beurteilungsgespräch führt. Macht er es nicht, dann bittest Du ihn um ein solches Gespräch, in dem er Dir mitteilt, wie er Deine Leistung sieht: Was Du gut machst, was Du besser machen kannst, wo Du Fehler machst. Schon kennst Du die Bereiche, in denen Du noch dazu lernen solltest. Frag ihn, was er vorschlägt, damit Du diese Verbesserungspotenziale heben kannst. Vielleicht kann er oder jemand anderes im Unternehmen es Dir beibringen. Wenn das der Fall ist, beschreibe klar das Ziel, das Du im Lernprozess erreichen willst, und vereinbare einen Termin mit dem möglichen Lehrer.

Schlägt Dein Chef eine Fortbildung vor, dann lege fest, ob er oder Du wegen der Anmeldung mit der Personalabteilung sprichst. Verständige Dich mit ihm auf einen Zeitpunkt. Verlasse Dich nicht darauf, dass er oder die Personalabteilung zeitnah etwas tut, auch wenn es schriftlich festgehalten wurde. Viele Empfehlungen in Beurteilungsberichten für Fortbildung verlaufen im Sand, weil sowohl Chef als auch Personalabteilung davon ausgehen, dass der andere etwas in die Wege leitet. Ich habe das sehr oft genau so beobachtet.

Wenn Du dann von der Fortbildung zurückkommst, erzähl Deinem Chef, was Du gelernt hast und ob das Seminar Deine Erwartungen erfüllt hat. Und dann wendest Du das Gelernte möglichst täglich an, auch wenn es anfangs ungewohnt ist. Nur so geht Dir das neue Wissen in Fleisch und Blut über. Vom theoretischen Wissen allein – und nur das kann eine Fortbildung in einem, zwei oder drei Tagen vermitteln – erlernt niemand das Stabhochspringen oder Autofahren. Erst muss das neue Know-how jeden Tag geübt werden, und zwar bis der Ablauf automatisch erfolgt.

Zu guter Letzt brauchst Du nach einiger Zeit wieder ein Gespräch mit Deinem Chef, um herauszufinden, ob Du es in seinen Augen jetzt kannst. Sollte das noch nicht ganz der Fall sein, geht der Prozess noch einmal von vorne los, damit Du diesen Rest auch noch lernst.

Punkt 2: Argumentiere aus der Sicht des Unternehmens

Vor allem größere Unternehmen verfügen über einen Katalog, in dem alle möglichen Weiterbildungen beschrieben sind. Falls möglich: Besorg Dir diesen Katalog oder schau ihn Dir im Intranet Deiner Firma an. Geh ihn in aller Ruhe durch. Selbst wenn Du nichts Konkretes findest, wird er Dich auf Ideen bringen, welche Weiterbildungskurse für Dich sinnvoll sein könnten. Manche Kataloge sind so umfangreich, dass Mitarbeiter mit sehr langen Wunsch-Listen kommen. Da die Teilnehmeranzahl und vor allem das Budget begrenzt sind, solltest Du Dir genau überlegen, warum Du zu einem bestimmten Seminar möchtest. Was willst Du mit der Teilnahme erreichen? Dann erst gehst Du zu Deinem Chef oder in die Personalabteilung und überzeugst sie mit Argumenten, die belegen, warum es für das Unternehmen von Vorteil ist, wenn Du eine bestimmte Schulung besuchst und sie in Dich Geld und die Zeit investieren.

Punkt 3: Nimm Deine Weiterbildung auch in die eigenen Hände

Weißt Du, wo Du mit Deiner Karriere hin willst? Ich hoffe, Du bist dem mithilfe dieses Buches ein ordentliches Stück näher gekommen. Ein wichtiger Teil des Weges, um zum Ziel zu kommen, ist es, sich das Wissen und die Fähigkeiten anzueignen, welche Dir noch fehlen. Setzt Dich mit einem Blatt Papier hin und schreibe auf, was Du aus Deiner Sicht noch lernen musst. Wenn Du danach feststellst, dass es die entsprechende Fortbildung bei Euch im Unternehmen nicht gibt, dann mache Dich mit dem Gedanken vertraut, Dir die fehlenden Kompetenzen auf eigene Faust anzueignen. Aus meinem Lebenslauf kann ich dafür ein Beispiel geben. Ich bin ein Mensch, der Harmonie braucht, sowohl im Beruf als auch im privaten Bereich. Deswegen war meine aggressive Seite nicht so ausgeprägt, wie sie es sein sollte, wenn man einen Führungsjob übernehmen möchte, denn dazu benötigt man auch Durchsetzungsvermögen. Aggression und Harmonie befanden sich nicht in Balance. Ich habe mir darum ein Seminar gesucht, das genau so hieß: „Aggression und Harmonie". Dort habe ich gelernt, meine aggressive Seite zu entwickeln, bis sie auf gleicher Höhe mit der Harmonie war. Vorher war Aggression für mich etwas Negatives. Es ist jedoch wie mit einem Messer: Es kommt darauf an, was Du damit machst. Du kannst damit jemanden verletzen, Du kannst damit auch etwas Sinnvolles tun.

Es handelt sich um eine Fortbildung, die in vielen Unternehmen den Rahmen sprengen würde oder für Unverständnis sorgen könnte. Deshalb habe ich mir diese Fortbildung selbst gesucht, sie auch selbst bezahlt und dafür Urlaub genommen. Für meine Karriere war es ein ganz wichtiger Schritt, auch wenn ich in meinem Berufsleben sehr selten einmal meine Ellenbogen ausfahren musste. Ich bin dann noch einen Schritt weitergegangen: Ich habe jedes Jahr neben möglichen betrieblichen Fortbildungen immer eine Fortbildung gemacht, die ich mir ausgesucht und selbst bezahlt habe. Und wenn ich auf meine Karriere zurückblicke, dann darf ich sagen, dass das Geld und die Zeit sehr gut angelegt waren.

Punkt 4: Such Dir Unterstützung und Hilfe

Weder Dein Chef noch Du selbst haben eine Idee, wo es bei Dir noch fehlt oder wie Du Deinem Ziel näher kommen kannst? Dann such Dir eine Person, der Du vertraust und von der Du glaubst, dass sie Dir guten Rat geben kann. Das kann ein Kollege sein oder ein Chef einer anderen Gruppe, mit dem Du manchmal zu tun hast. Oder ein privater Freund. Die Person sollte Dich beobachtet haben und Dich einschätzen können. Mit diesem Mentor setzt Du Dich zusammen, um einen Weiterbildungsplan zu erstellen. Überdies gibt es die Möglichkeit, dass Du Dir einen professionellen Coach suchst, der Dir bei Deiner Weiterentwicklung hilft.

Punkt 5: Such einen Verbündeten, der Deinen Weg bereits gegangen ist

Kennst Du eine Person, die genau das macht, was Du Dir als Weiterbildungsziel gesetzt hast? Gibt es vielleicht sogar ein Vorbild? Diese Person weiß genau, welche Fähigkeiten Du brauchst. Zumindest kennt sie ihren eigenen Weg, auf dem sie dahin gelangt ist. Ein weiterer Vorteil: So kannst Du einen Vergleich mit Deinen eigenen Fähigkeiten vornehmen. Obendrein bekommst Du Hinweise, wo und wie Du die erforderlichen Fähigkeiten erlernen kannst.

Punkt 6: Denke auch über eine Auszeit nach

Passen die Punkte 1 bis 5 alle nicht, dann ist es vielleicht ratsam, eine Fortbildung anzugehen, die eher in einer kleinen Auszeit besteht. Manche Menschen stecken so im Job oder in ihrem ganzen Leben fest, dass sie den Wald vor lauter Bäumen nicht mehr sehen. Ein paar Tage raus aus dem Hamsterrad – und die Gedanken können sich wieder freier entfalten. Das kann ein Urlaub sein, in dem Du Dir nach ein paar Tagen der Erholung vorgenommen hast, über Deine Welterentwicklung nachzudenken. Für manchen ist es zielführender, einer körperlichen Aktivität nachzugehen. Für mich ist das auch eine Form des Ausspannens. Zum Beispiel kommen mir nach mehreren Tagen auf langen Wanderungen plötzlich neue Ideen, die ich dann sofort auf einem Blatt Papier festhalte. Das Smartphone nutze ich dafür lieber nicht, weil ich sonst ständig durch Anrufe oder SMS aus meiner Erholung herausgerissen und zurück ins Hamsterrad gezwungen werde. Solche Auszeiten sind auch unter professioneller Anleitung möglich, sie sind sehr intensiv und führen oft zu neuen und ungewöhnlichen Erkenntnissen. Als Beispiel aus meiner eigenen Erfahrung nenne ich ein Seminar, das „Wendezeiten" hieß. Ich habe es besucht, als ich mich bereits für eine intensive Veränderung entschieden hatte, um mich auf das Neue einzustimmen. Solche Seminare sind nicht nur auf das Berufliche beschränkt, sie können auch das private Umfeld umfassen, je nachdem, was einen Teilnehmer gerade beschäftigt.

Übung: Entwickle einen Weiterbildungsplan

➤ Bevor Du weiterliest und Dein Kopf sich mit dem nächsten Kapitel beschäftigt, schreib sofort auf, was Dir jetzt zu Deiner Fortbildung durch den Kopf geht, so ungeordnet, wie es gerade kommt.

➤ Wenn Dein Kopf leer ist, leg eine Pause ein, am besten eine körperliche Aktivität, etwa einen Spaziergang.

➤ Danach ordnest Du die Gedanken auf dem Papier in klar formulierten Sätzen.

➤ Dann legst Du schriftlich fest, welche Schritte Du machen wirst, inklusive der Reihenfolge, um Deine Fortbildung selbst in die Hand zu nehmen.

➤ Schreib hinter jede Aktivität ein Datum, bis wann Du das erledigt haben willst. Das mag für manchen Leser trivial klingen, aber genau daran scheitert die Fortbildung meistens. Jeder definierte und getane Schritt, und sei er noch so klein, bringt Dich ein Stückchen weiter.

19.Auf der Zielgeraden

Auf Deiner Mindmap und in den resultierenden Zielsätzen stehen so viele Dinge, dass es wie ein Berg aussieht, den Du scheinbar kaum bewältigen kannst. Aber über 80 Prozent der Menschen, die an diesem Punkt angekommen sind, sehen klar und deutlich, wo sie hinwollen. Falls Du zu denen gehörst, die dies noch nicht sehen: Gib Dir einfach mehr Zeit. Hol Deine Mindmap und den Satz Deines Lebens ein- bis zweimal in der Woche in entspannter Atmosphäre hervor. Aber auch, wenn Du gerade voller Emotionen bist (Freude, Ärger, Wut, Enttäuschung, Glück ...), ist es ein guter Zeitpunkt: Nutze diese Emotionen, um weiter an Mindmap und dem Satz Deines Lebens zu arbeiten.

Folge den Linien auf der Mindmap und versuche, Zusammenhänge zwischen den einzelnen Punkten zu erkennen, träum Dich einfach hinein, diskutiere mit Dir selbst oder zeige es jemand anderem. Du/Ihr erkennt vielleicht plötzlich, was das gemeinsame Element ist, was alles verbindet und Dir den Weg zeigt, den Du gehen möchtest. Und auch wenn Du nicht vor Deinen Notizen stehst, solltest Du darauf achten, ob aus Deinem Inneren eine Antwort zu Deinem Ziel und Deinem Berufswunsch kommt.

Vergiss es nicht: Die Kunst ist, das Glöckchen zu hören und es zu bemerken, wenn die Antwort kommt. Das kann auch dann sein, wenn Du gerade gar nicht an Deine Mindmap denkst. Die Fragen arbeiten in Deinem Unterbewusstsein weiter, um die Antwort zu finden.

In Teilzielen denken

Kehren wir zu dem großen Berg zurück, der uns normalerweise Angst macht: Wie soll ich das nur schaffen? Ich denke dabei wieder an meine Europawanderung. Mein Ziel war: Ich wollte mir den Beruf aus dem Hirn und dem Körper wandern, um wieder normal und wieder ganz ich selbst zu sein – frei. Der Weg dahin war ungefähr 6.000 bis 8.000 Kilometer lang. Diese habe ich auf Länder verteilt, die ich sehen und durchqueren wollte. An jeder Grenze, also immer wenn ich ein Land durchwandert hatte, habe ich innerlich ein Fest gefeiert: „Geschafft, eines weniger!" Aus dem großen Berg wurden also viele kleinere Abschnitte, die mir nicht mehr so gewaltig wie der gesamte Weg erschienen. Da Norwegen auf meiner Route mit über 2.000 Kilometer eine so unglaublich lange Strecke ausmachte, habe ich das Land zunächst nach den digitalen Karten auf meinem Wandernavi eingeteilt. Sie befanden sich auf acht Microchips, und immer wenn ich den nächsten einlegen musste, hatte ich wieder ein Ziel erreicht. Um die Strecke noch kleinräumiger erscheinen zu lassen und über noch mehr übersichtliche Teilstrecken – bzw. Teilziele – zu verfügen, habe ich von einer Lebensmittelstation zur nächsten gedacht (im Schnitt fünf Tage, maximal zehn Tage). So hatte ich immer genügend Kalorien im Rucksack. Ansonsten habe ich von Tag zu Tag geplant: „Wo will ich heute Abend ankommen?" So habe ich eine unglaubliche lange Reise in sehr viele kleine Ziele zerlegt.

Am ersten Tag, als ich in Istanbul gestartet bin, habe ich mir den großen Berg Europadurchquerung genau vor Augen geführt. Es hat mir Respekt vor der Größe und Gefahr dieser Aufgabe eingeflößt. Das war gut so, denn es hat mich mit der erforderlichen Aufmerksamkeit versehen. Von da an habe ich nur noch in kleinen verdaubaren Einheiten gedacht: „Wo gehe ich heute entlang, wo kann ich heute Abend schlafen, wie bekomme ich genügend Wasser für den Tag?" Hätte ich mich ständig mit Fragen gequält – etwa wie weit es noch bis zum Nordkap ist und ob ich körperlich und geistig durchhalte –, wäre ich nach kurzer Zeit vor dieser gewaltigen Aufgabe, die in Nord-Süd-Richtung vor mir wohl noch niemand angegangen ist, mental eingebrochen. Eine einzige Person (ein Engländer) hat es versucht und geschafft, von West nach Ost (von Portugal nach Istanbul) zu wandern.

Mein Trick bestand also darin, die Strecke in immer kleinere verdaubare Häppchen zu unterteilen. Und indem ich mir jeden Tag die Fragen beantwortet habe, wo ich abends sein und welchen Teil des Tagesmarsches ich bis zur Mittagspause geschafft haben wollte, habe ich mir zudem mindestens zwei Erfolgserlebnisse am Tag verschafft.

Geholfen hat mir an schwierigen Tagen auch die Vorstellung, mit jedem gerade gemachten Schritt meinem Ziel wieder ein Stück näher zu kommen. Darüber hinaus habe ich viele ähnliche kleine Tricks angewendet: „Wieder einen Berganstieg gemeistert, einmal mehr trockenen Fußes durch den Fluss gewandert, einen herrlichen Ausblick gefeiert, ein besonderes Tier gesehen, frei von irgendwelchen Gedanken gewandert und den Augenblick bewusst erlebt ...“

Genau dieses Vorgehen wollen wir uns jetzt zum Vorbild nehmen:

Du siehst das große Ganze, unterteilst es in mehrere Portionen und diese dann jeweils in kleine mach- und umsetzbare Schritte. Jedes Mal, wenn Du einen Schritt geschafft hast, darfst Du Deinen Fortschritt feiern. Denn Du weißt, dass Du Deinem Ziel ein Stückchen näher gekommen bist und etwas gelernt hast, was Dich vorwärts bringt.

Das gilt auch dann, wenn ein Schritt nicht funktioniert hat. Denn die gemachte Erfahrung bringt Dich trotzdem weiter, zum Beispiel weil Du jetzt weißt, wie es doch gehen könnte, diesen Schritt erfolgreich zu gehen.

Jetzt kommt Arbeit auf Dich zu:

➤ Schau auf Deine Zielsätze, die Du für die für Dich wichtigen Lebensbereiche formuliert hast.

➤ Nimm einen Bleistift und ein gutes Radiergummi (falls Du Deine Meinung änderst). Für jeden Bereich vergibst Du zwei Bewertungen, die von „1" (= gar nicht) bis „10" (= sehr) reichen.

➤ Zunächst bewertest Du, wie **wichtig** ein Ziel für Dich ist.

➤ Danach bewertest Du, wie **dringend** dieses Thema behandelt werden sollte.

Wir machen diese Übung, weil im täglichen Leben oft die wichtigen Dinge zurückgedrängt werden durch etwas, das ganz dringend ist. Aber diese dringenden Dinge sind häufig völlig unwichtig. Unsere Konzentration sollte auf den Themen liegen, die für uns entscheidend sind. Wir sollten unsere Aufmerksamkeit also auf das wirklich Wichtige fokussieren.

Dazu ein Beispiel: In dem Bereich „Familie" steht eine besondere Herausforderung an, die Dir auch emotional sehr nahe geht. Deine Eltern sind nicht mehr in der Lage, allein zu wohnen, es fällt ihnen zusehends schwer, den Alltag zu bewältigen. Sie kommen in ihrem

Zuhause kaum noch die Treppe hoch. Dein Zielsatz lautet: „Meine Eltern sind in sechs Monaten in einer für sie sicheren Umgebung und fühlen sich wohl darin." Ich würde die Dringlichkeit mit 8 bis 9 bewerten (bei 10 brennt es und es muss sofort gelöscht werden). Die Beurteilung der Wichtigkeit hängt von Deiner persönlichen Situation ab. Ich nehme an, dass es Dir viel bedeutet, dass es Deinen Eltern gut geht – und damit liegt die Bewertung bei 9.

Ein zweites Beispiel: „Ich bin selbstständig, mein eigener Herr" – so Dein Zielsatz. Es ist Dir sehr wichtig, dies zu erreichen, Du vergibst also 10 Punkte. Aber das Ziel liegt für Dich noch in weiter Zukunft, damit ist es nicht so dringend, die Punktzahl 4 ist angemessen.

Wenn Du alles bewertet hast, mal Dir mit einem Marker, Filzstift oder Kugelschreiber ein großes Diagramm, wie das folgende, auf ein DIN-A4-Blatt (oder größer):

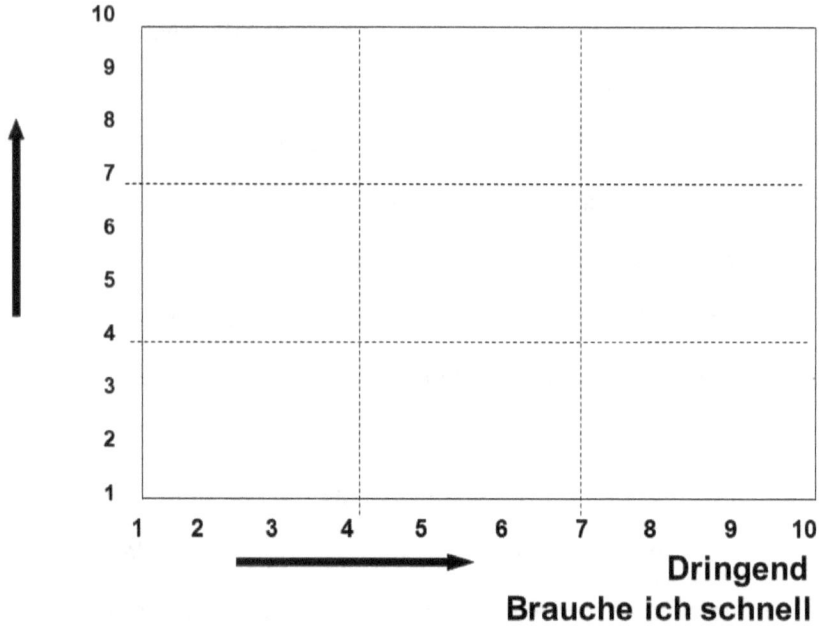

Bild Nr.4: Wichtig-Dringend-Diagramm

➢ Auf mehrere kleine Zettel (Post-its) schreibst Du jeweils einen Zielsatz. Wenn er zu lang ist, beschränke Dich auf ein Stichwort zu dem jeweiligen Ziel.

➢ Nun legst Du jeden Zettel an die Stelle, an der sich die Punktzahl von wichtig und dringend schneiden.

➢ Wenn Du fertig bist, tritt einen Meter zurück und schau Dir das Ganze an. Passt das so oder stimmen einige Ziele im Vergleich zu anderen nicht? Ist ein Ziel doch wichtiger oder weniger dringend als das andere?

Aber Vorsicht, es besteht immer die Tendenz, alles nach rechts oben zu verschieben und die Wichtigkeit und auch die Dringlichkeit als zu hoch einzustufen. Die Zettel sollten einigermaßen gleichmäßig über das Diagramm verteilt sein.

Beachte auch: Wenn sich ein Zettel links unten im Diagramm befindet, heißt das nicht, dass ein Ziel für Dich „für immer und ewig" unwichtig und nicht dringlich ist, also niemals angegangen werden sollte. Die Zeit für die Erreichung auch dieses Ziel wird noch kommen.

Lass Dir Zeit, bis Du zufrieden mit der Anordnung bist. Kleb dann die kleinen Zettel fest. Fertig? Lies erst weiter, wenn Du wirklich vollkommen mit dem übereinstimmst, was Du siehst.

DRINGEND verdrängt immer WICHTIG, sollte es nicht umgekehrt sein?

Leg nun eine Kurve wie einen schmalen Mond in das Diagramm, so dass sich drei Zettel rechts oben befinden und die anderen links und/oder darunter. Du hast gerade eine Wahl getroffen, um welche drei Ziele Du Dich zuerst kümmern willst – und damit hast Du den großen Berg verkleinert. Oder um es mit einem Bild meiner Wanderung zu sagen: Du kennst jetzt die ersten drei Länder, durch die Du durchwandern möchtest.

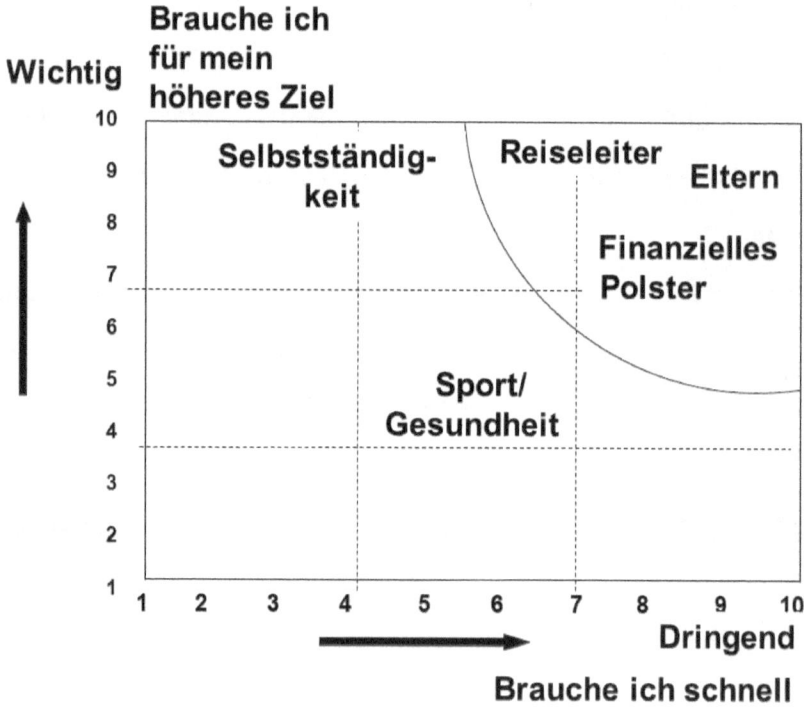

Bild Nr. 5: Gefülltes-Wichtig-Dringend-Diagramm

154

20.Die Selbstkritik nicht vergessen

Dieses Buch soll Dich ermutigen, Deinen Beruf anzuschauen und Dich zu fragen, ob Du mit ihm zufrieden bist oder nicht. Lautet die Antwort nein, soll es Dir helfen, das Richtige zu tun. Ich vermute, es ist durchaus die Mehrheit meiner Leserinnen und Leser, die solch eine Ermunterung braucht. Denn wir Menschen mögen die Veränderung nicht so sehr. Aber es gibt auch eine kleine Gruppe von Berufstätigen, die sich völlig anders verhält. Diese Menschen wollen unbedingt und ganz schnell vorwärts kommen. Ich unterscheide dabei zwei Gruppen.

Der Durchlauferhitzer

Der Durchlauferhitzer – ich danke übrigens einem guten Freund für diesen treffenden Begriff – verfügt meistens über eine gute Ausbildung und hat immer wieder gesagt bekommen: „Du bist zu Höherem berufen!" Oft hat er sich dies selbst eingeredet: „Ich bin zu Höherem berufen!" Das ist an sich in Ordnung, es ist schön, wenn jemand den Drang hat, vorwärts zu kommen. Ich will dazu von einem extremen Fall erzählen, den ich in China erlebt habe. Ich suchte damals einen Abteilungsleiter für die Auftragsabwicklung, ich wollte möglichst einen lokalen Kandidaten.

Ich treffe mich also mit einem gut ausgebildeten Chinesen zum Interview. Stolz erzählt er mir von seinen Karrierestationen und davon, welche verschiedenen Jobs er schon in welchen bekannten Firmen absolviert hat. Überall nur tolle Ergebnisse, und das in elf Jobs in zehn Jahren. Er will noch hoch hinaus und viel Geld verdienen, daher sucht er nach neun Monaten in seinem jetzigen Job bereits nach dem nächsten. Ich stelle ihm bohrende Fragen und möchte wissen, was er in den einzelnen Jobs tatsächlich geleistet und was für Erfahrungen und Erkenntnisse er gewonnen hat. Er ist verwirrt und kann die Fragen kaum beantworten. Nach einer Stunde steht für mich fest, er hat keine Erfahrungen, seine Erfolge sind enorm aufgebauscht. Meiner Meinung nach hat er keine der Aufgaben richtig erledigt, er hat nie erlebt, was aus seinen Aktivitäten geworden ist, denn deren Ergebnisse haben sich immer erst gezeigt, als er schon wieder zum nächsten Job weitergezogen war. So konnte er auch nicht beurteilen, was er erreicht hatte, um dann daraus seine Lehren zu ziehen und zu lernen. Da er intelligent ist, hat er in unserem Gespräch rasch begriffen, dass er sich tief in eine Sackgasse manövriert hat. Auf dem Papier ist er weit gekommen, in der Wirklichkeit nicht. Meine Einschätzung ist: Ihn haben nicht die Aufgaben interessiert, sondern nur die schönen –

und möglichst zahlreichen – Jobbezeichnungen in seinem Lebenslauf.

Unser Gespräch dauerte dann doch rund vier Stunden, denn ich habe ihm meine Einschätzung im Detail dargestellt und ihm in einer intensiven Beratung erläutert, dass und wie er seine Durchlauferhitzer-Einstellung verändern könnte.

Allerdings habe ich einen weiteren Durchlauferhitzer erlebt, der mit knapp vierzig an der Spitze eines großen Unternehmens angekommen war, und das zu recht. Er war eine seltene und wunderbare Ausnahme. Aber er hat jeden Job für ungefähr drei Jahre gemacht und so immer auch die Resultate seiner Tätigkeiten, ob positiv oder negativ, als Erfahrung mitnehmen können. Und weil er so gut in seinem Job war und für die jeweilige Aufgabe brannte, konnte er bei jedem Wechsel zwei Schritte nach vorne machen und sich weiterentwickeln, als ob er Sieben-Meilen-Stiefel tragen würde.

Der Alleswisser (aber nicht Alleskönner)

Immer wieder habe ich in meinem Berufsleben Menschen getroffen, die sich durch ein hervorragendes Wissen ausgezeichnet haben. Sie waren auf der einen Seite fachlich absolut sattelfest, und auf der anderen Seite wussten sie sehr viel darüber, wie man Dinge professionell organisiert und einfühlsam und zielführend mit Menschen umgeht. Solche Leute werden überall gesucht. Nur leider

157

gibt es auch manche unter ihnen, die mit all ihrem Wissen nichts oder wenig anfangen können. Sie sind nicht in der Lage, es anzuwenden. Sie stehen damit ihrem eigenen drängenden Wunsch nach einem beruflichen Fortkommen im Wege. Wenn eine Position zu besetzen ist, machen sie sich immer Hoffnungen, und werden enttäuscht. Und bekommen sie den Job tatsächlich, ist am Ende die Firma enttäuscht, weil diese Personen die erwartete Leistung nicht erbringen können, weil es ihnen an Umsetzungsfähigkeit fehlt.

Die Alleswisser haben mir immer leidgetan, denn sie sind unglücklich, weil Anspruch und Wirklichkeit nicht übereinstimmen. Meistens sagt ihnen niemand genau, warum sie den Job nicht bekommen. Aber das wäre in meinen Augen das Wichtigste, was in einem ersten Schritt nötig wäre, um sie zu unterstützen.

Die Eignung selbstkritisch überprüfen

Diese zwei Beispiele sollen eines verdeutlichen: Bei allen Bemühungen und Anstrengungen, im Beruf vorwärts zu kommen, musst Du Dich selbstkritisch fragen, ob Du die richtigen Fähigkeiten dafür besitzt oder ob Du Dir diese aneignen kannst. Natürlich: Ziele sollen herausfordernd sein, damit sich Menschen vorwärts bewegen. Aber einem unrealistischen Phantom nachzujagen, macht Dich kaputt. Ein Marathon lässt sich nicht mit kaputten Gelenken laufen.

Schau, dass Du das Gleichgewicht zwischen Anspruch und Wirklichkeit im Sinne des folgenden Spruches hältst:

Greife nach den Sternen, aber achte auf die Straße.

Bist Du soweit? Was Du gerade tust, hat einiges mit Deiner Persönlichkeit zu tun. Wenn Du nach dem für Dich richtigen Beruf suchst, dann solltest Du die Anforderungen, die auf Dich zukommen, mit Deinen Qualifikationen und Fähigkeiten abgleichen. Dazu ist es als Erstes wichtig, dass Du Dich genau informierst. Mancher Berufsanfänger stellt nach einigen Wochen in der Ausbildung fest, dass er etwas ganz anderes erwartet hatte, und ist enttäuscht. Das lässt sich zu einem großen Teil vermeiden, wenn Du Dir vorher eher zu viel als zu wenig Zeit nimmst, alles über Deine mögliche Zukunft herauszufinden, egal ob es sich um einen Handwerksberuf, eine Verwaltungstätigkeit oder ein Studium handelt. Und wenn Du alles weißt, dann müssen diese Informationen ein starkes Interesse bei Dir erzeugen – das wäre ein Hinweis darauf, dass Dir die Tätigkeit wirklich Erfüllung bringen könnte. Ist das Interesse nur oberflächlich, dann vergiss diesen Berufswunsch möglichst rasch.

Zurück zu Deiner Persönlichkeit: Der Beruf sollte zu Deiner Persönlichkeit passen. Bist Du gerne mit Menschen zusammen und nicht auf den Mund gefallen, dann ist eine Arbeit als Tüftler im einsamen Kämmerchen wohl nicht das richtige. Agierst Du gerne als einsamer Wolf, der sich im Kreise von vielen Menschen unwohl fühlt, dann such Dir keinen Beruf aus, in dem Du mit Kunden intensiven Kontakt hast.

Vergleiche also alle Informationen zu dem gewünschten Beruf mit Deiner Persönlichkeit, setze die beiden Aspekte in Beziehung zueinander.

Aber selbst wenn es passt: Vergiss nicht, dass Du noch vieles lernen musst und Deinen Wissenskreis stetig erweitern solltest. Dabei gilt: Wissen kannst Du immer erwerben und anschließend in die Tat umsetzen. Deine Persönlichkeit ist zum Zeitpunkt der Berufswahl aber schon zu einem erheblichen Teil festgelegt.

Es gibt immer Ausnahmen! Ich habe introvertierte Menschen kennengelernt, die sich trotzdem mit Kunden prima verstanden haben und keine Probleme hatten, sich auf sie einzulassen. Sie wollten eine bestimmte Aufgabe so gern erfüllen, dass sie sich in harter Arbeit und mit viel Training beigebracht haben, ein guter, verbindlicher und gern gesehener Gesprächspartner für andere zu sein. Das heißt: Wenn Du es wirklich willst, kannst auch Du ein großes Hindernis überwinden.

Zum Nach- und Weiterdenken

➤ Spieglein, Spieglein an der Wand – nein: Zerbrich den Spiegel und frage Dich selbst, ob Du für eine Aufgabe, eine Tätigkeit oder einen Beruf und Job geeignet bist.

21.Und Action!

Es ist Dezember und das aktuelle Jahr ist fast gelaufen. Es ging wieder schneller als gedacht und ich sitze irgendwo an einem ruhigen Ort, vor mir ein leeres Blatt Papier. Ich lasse das alte Jahr noch einmal auf meinem inneren Bildschirm ablaufen: Was war gut, was hätte besser sein können und was hat einfach nicht stattgefunden, obwohl ich es gerne gehabt hätte? Das Blatt füllt sich, dann geht es um die Zukunft, das neue Jahr. Einige Pläne sind bereits erstellt, die jetzt auch auf dem Papier stehen, so auch meine Zielsätze. Und die gehen weit über das nächste Jahr hinaus. Ich muss mich konzentrieren, denn ich kann nicht alles selbst machen, vor allem nicht gleichzeitig und nicht innerhalb von zwölf Monaten (auch wenn ich mir das als Manager wünschen würde). Die Kunst liegt in der Beschränkung.

Der Zettel füllt sich weiter. Was will ich konkret im kommenden Jahr machen? Nicht andere, sondern ich selbst, damit ich auf der Reise zu meinen Zielen vorwärts komme. Nach einer Weile stehen 15 Dinge auf meinem Zettel, und zwar nur die wichtigen (im Gegensatz zu den dringenden), also die, die mich zum Erfolg führen werden. Aber fünfzehn sind zu viele. Deshalb beginne ich damit, sie zu sortieren, genauso wie Du vorhin. Was am wichtigsten ist, wird zur Nummer 1, und so weiter, bis runter auf die Nummer 15. Es dauert ein hübsches Weilchen, bis ich mit mir selbst einig bin (es gab auch Jahre, in denen das einige Tage gedauert hat, weil ich darüber schlafen musste). Jetzt kommt ein zweiter, aber kleinerer Zettel ins Spiel, und auf den schreibe ich die Dinge bzw. Ziele, denen ich während meiner Sortierarbeit die Nummern 1 bis 4 gegeben habe. Es handelt sich also **um die vier wichtigsten Dinge**.

Der Zettel wandert auf meinen Schreibtisch und liegt dort immer gut sichtbar vor mir (nicht im Computer abspeichern, da ist er unsichtbar). Ich sehe ihn (wenn ich am Schreibtisch bin) morgens, mittags und abends, er erinnert mich daran, was wirklich wichtig ist. Das hilft mir, mich nicht von dringenden Kleinigkeiten ablenken zu lassen. Ich bin auf das konzentriert, was mich vorwärts bringt. Und der große Zettel mit den fünfzehn wichtigen Dingen? Er liegt in meiner Schreibtischschublade und wartet auf den Tag, an dem ich voller Freude einen der vier Punkte auf dem kleinen Zettel erledigt und gestrichen habe. Dann wandert die Nummer 5 stattdessen auf die immer sichtbare Liste. Würde ich alle 15 auf einmal versuchen zu bewältigen, ich würde scheitern. Mache ich zu viel, mache ich nichts richtig und stehe am Ende mit leeren Händen da.

Die Arbeit mit Deinen Zielsätzen

Nun bist Du dran. Nimm Dir den ersten von den drei ausgewählten Zielsätzen und suche Dir Dein ruhiges Plätzchen. Nimm zwei große Zettel mit. Musik, etwas zu trinken, ein schöner Ausblick, ein gemütlicher Stuhl: Versorge Dich mit dem, was Dich erfolgreich nachdenken lässt. Beschäftige Dich jetzt mit der folgenden Frage: „Was muss ich tun oder veranlassen, damit das Ziel erreicht wird?" Beschreib es möglichst genau.

Als Beispiel nehmen wir einen Satz, den Du aus dem Kapitel 16, „Formuliere Deine Zielsätze mit Herz und Verstand", kennst, nämlich: „Es ist 2022 und ich bin Reiseleiter, der die Touristen durch sein Wissen und spannende Erzählungen fasziniert." Welche Maßnahmen könnte eine Person ergreifen, die dieses Ziel erreichen möchte? Ein Vorschlag:

➢ Sie bittet im Reisebüro ihres Vertrauens den Chef, ob er sie mit einem Reiseleiter bekannt machen könnte, den sie dann zu diesem Beruf befragt.

➢ Die Person arbeitet sich durch das Internet, um zu schauen, ob sie eine besondere Ausbildung und Qualifikation braucht.

➢ Sie durchforstet die verschiedenen Plattformen im Internet, um Jobangebote für Reiseleiter zu finden. Sie sammelt diese

Angebote, um sich ein Gesamtbild über die geforderten Fähigkeiten und Kenntnisse zu machen.

➤ Sie fragt sich, über welche Fähigkeiten und Kenntnisse Sie bereits verfügt, welche ihr noch fehlen und wie sie sich die fehlenden Kompetenzen aneignen kann.

So wird sich Dein erster Zettel füllen. Lass Dir Zeit und hol Dir auch Rat von anderen.

Jetzt geht es wieder einmal ans Sortieren: Was machst Du zuerst, was als zweites und so weiter. Erinnerst Du Dich, dass und wie ich meine lange Wanderung in kleine Abschnitte untergliedert habe? Gestalte Deine Maßnahmen nicht zu groß, sonst stehst Du wieder vor dem Berg. Sind sie hingegen klein und übersichtlich, kannst Du sie schnell abarbeiten und Dich über jeden Fortschritt freuen. Das bringt zusätzliche Motivation und Du gehst voller Freude an die Bearbeitung der nächsten Aufgaben.

Aber da ist ja noch ein zweiter großer Zettel, den Du bereitlegen solltest. In der menschlichen Brust wohnen zwei Seelen: Engel und Teufel. In „Der Herr der Ringe" gibt es dafür ein anschauliches Beispiel, wenn Gollum mit sich selbst spricht und argumentiert, ja, sogar mit sich selbst streitet – auch wenn Gollum nicht unbedingt ein Mensch ist. Beim Nachdenken über die Maßnahmen, die zum Ziel führen, könnte sich auch Deine pessimistische Seite melden und Dir zum Beispiel einflüstern: „Das schaffst Du sowieso nicht, weil Dein Englisch zu schlecht ist ..." Notiere dieses Hindernis auf dem zweiten Zettel. Lass ein bisschen Platz darunter. Denn wenn sich der Teufel zum zweiten Mal meldet und sagt: „Du hast noch nie gerne vor vielen Leuten gesprochen, das kriegst Du nicht hin", dann schreibst Du auch das auf.

Der Pessimist in Dir hat die Absicht, Dich von Deinem Vorhaben abzubringen. Aber wenn Du schlau bist, nutzt Du seine Einwände, um Deinem Ziel näher zu kommen. Dies gelingt, indem Du Dir für jeden Einwand Maßnahmen überlegst, mit denen Du das Hindernis überwindest. So hilft Dir sogar der Einflüsterungsteufel, das Ziel zu erreichen.

Stelle Deine Maßnahmen auch wieder Deinem Gesprächspartner vor. Falls er Einwände hat – wunderbar. Notiere sie einfach und überlege anschließend, wie Du damit positiv umgehst.

Das Gleiche machst Du mit Deinen Zielsätzen 2 und 3 – aber immer an einem anderen Tag. Hast Du dann alle drei Aktionspläne erstellt und in der Reihenfolge durchnummeriert, dann steht die Entscheidung an:

➢ **Welche vier Aktionen kommen auf Deinen kleinen Zettel, den Du immer an sichtbarer Stelle hängen oder liegen hast? Diese** vier Aktionen können nur aus einem Zielsatz bestehen, weil Dir das im Moment am wichtigsten ist. Oder es können aus jedem Zielsatz ein bis zwei Maßnahmen sein, die Du als besonders wichtig einstufst.

Auf dem kleinen Zettel sollte dann auch ein Datum stehen, bis wann Du eine Aktion erledigt haben willst. Gib Dir genügend Zeit, denn es macht einfach Spaß, selbstgesetzte Termine tatsächlich zu verwirklichen, ohne unter Zeitdruck zu geraten. Gönn Dir zum einen die Freude, eine erledigte Aktion von dem kleinen Zettel zu streichen, und zum anderen die Befriedigung, das auch pünktlich geschafft zu haben. Das ergibt gleich zwei Mal Motivation pur für die nächsten Aufgaben.

Fassen wir die Aufgabe noch einmal zusammen:

➢ Schritt 1: Nimm zwei leere Zettel und den Zielsatz Nummer 1.

➢ Schritt 2: „Was muss ich tun oder veranlassen, damit das Ziel erreicht wird?" Schreib alle Ideen auf Zettel 1.

➢ Schritt 3: Auf Zettel 2 kommt alles, was der Pessimist in Deinen Kopf sagt, warum Du das Ziel nicht erreichen wirst.

➢ Schritt 4: Wenn Du fertig bist, überlegst Du Dir, mit welcher Aktion Du die Einwände des Teufels aus Schritt 3 erledigen kannst. Schreib diese Aktion ebenfalls auf Zettel 1.

➤ Schritt 5: Schau Dir alle Ideen auf Zettel 1 an und bring diese in eine Reihenfolge. Was willst/musst Du zuerst machen? Dann schreib eine 1 davor. Schreib vor jede Aktion eine Zahl. Wenn Dir dies schwerfällt, dann erstelle noch ein Eisenhower-Diagramm, indem Du jede Idee mit den Kategorien „wichtig" und „dringend" beurteilst.

➤ Schritt 6: Mach den gleichen Ablauf für die Zielsätze 2 und 3.

Jetzt liegen drei Blätter vor Dir. Auf je einem Blatt hast Du alle Aktionen mit den Prioritäten für einen Zielbereich.

➤ Schritt 7: Markiere auf jedem Blatt die Prioritäten 1 bis 4 in Rot.

➤ Schritt 8: Zwölf rot markierte Aktionen liegen nun auf drei Blättern vor Dir. Entscheide Dich für vier Aktionen. Sie können aus einem Zielsatz sein, aber auch aus allen dreien.

➤ Schritt 9: Schreib die vier Aktionen auf einen separaten Zettel mit je einem realistischen Termin und lege/hänge den Zettel an eine Stelle, wo Du diesen täglich siehst.

Die Seminarteilnehmer brauchen für diese Aufgabe mindestens einen halben Tag.

Zum Nach- und Weiterdenken

➤ Es wird dauern, die in diesem Kapitel beschriebene Aufgabe zu erledigen und dann erst weiterzulesen. Darum: Halte durch, wir sind auf der Zielgeraden!

22. Es geht immer etwas schief!

Ich wandere durch die Einsamkeit Norwegens, der Boden ist bedeckt mit kleinen Büschen. Sie sind nur so hoch wie Blaubeerbüsche, und ich erkenne zwischen ihnen einen schmalen Pfad, beziehungsweise dass hier vor längerer Zeit schon einmal jemand entlanggegangen ist. Ich genieße den Ausblick, achte aber auch auf meinen Weg. Ich mache den nächsten Schritt, mein Oberkörper mit Rucksack ist bereits in der Vorwärtsbewegung. Der rechte Fuß will nach vorne, aber er kann nicht. Jemand hält ihn fest, ich falle fast hin. Gerade noch kann ich meinen Schnürsenkel, der sich in einen Busch verhakt hat, losreißen. Meine Wanderstiefel, die mich eigentlich schützen sollen, haben mir fast einen Sturz eingebracht. „Gerade noch mal gutgegangen", denke ich und gehe weiter. Aber ich hätte besser eine Pause einlegen und prüfen sollen, wie es zu dem Beinahe-Sturz gekommen ist. Das hätte mir einen schweren Sturz in Slowenien erspart. Denn in den Julischen Alpen stehe ich Monate später an einem Felsabsatz. Vor mir geht es etwas mehr als einen Meter senkrecht herunter. Normalerweise würde ich da herunterspringen, aber nicht mit einem schweren Rucksack auf dem Rücken. Also schaue ich mich um, finde eine kleine Felsnase

170

links und eine kleine Kerbe rechts und will mich mit einer Schaukelbewegung mit zwei kleinen Schritten den Absatz hinunterbewegen. Ich mache den ersten Schritt, wie oben verlagert sich das Gewicht des Oberkörpers leicht nach vorne, da hält mir irgendetwas die Füße zusammen und ich stürze ungebremst den guten Meter runter auf den harten Fels. Ich habe Glück, ich habe nur eine starke Prellung am rechten Daumen, der am nächsten Tag schön blau ist, und eine tiefe Schnittwunde am linken Handballen. Dass meine Reise hier nicht zu Ende ist, verdanke ich meinem Schutzengel und dass ich als Handballspieler gelernt habe, „richtig" zu fallen. Aber die Ursache für das kleine Unglück ärgert mich, denn der Stolperer in Norwegen hatte mir bereits den Fehler gezeigt. Ich habe ihn nur nicht bemerkt: Es waren die Schleifen meiner Schnürbänder, die sich in Norwegen in dem Busch verhakt und dann in Slowenien in die Schnürhaken des anderen Stiefels eingefädelt hatten. Ich habe danach meine Schnürbänder immer in die Wandersocken eingerollt, damit sie nicht frei herumhängen. Das hätte ich bei höherer Aufmerksamkeit auch schon in Norwegen lernen können. Mein Pech, ich habe denselben Fehler zwei Mal gemacht und ordentlich Lehrgeld dafür bezahlt.

Auch Dir werden unterwegs Fehler passieren, das geht jedem so. Wirklich? Ja!

Vom Umgang mit Fehlern

Wenn Dir ein Fehler passiert, geh nicht – wie ich – weiter, sondern halte an. Frag Dich, was gerade passiert und warum das gerade schiefgegangen ist. Gib Dich nicht mit der ersten Antwort zufrieden, denn das ist meist noch nicht die wahre Ursache. In meinem Fall oben wäre die erste Antwort gewesen: „Ich bin gestolpert, weil ich hier entlang gehe." Die Japaner nutzen eine simple Methode, um der wahren Ursache auf die Spur zu kommen: Sie fragen einfach bis zu fünf Mal „Warum?". Also: Warum bist Du gestolpert? Ich bin an einem Busch hängengeblieben. Warum bist Du an einem Busch hängengeblieben? Meine Schleife ist in einem Ast hängengeblieben. Warum ist die Schleife ...? Weil sie frei herum baumelte. Warum baumelte sie ... ? Weil ich sie nicht befestigt hatte. Und jetzt kann ich über die Lösung nachdenken: „Mach das Band kürzer, steck die Schleife oben in den Schuh (das drückt aber!) oder roll sie in die überstehende Socke ein." Du siehst:

Es lohnt sich, einen Fehler zu machen, wenn Du ihn nutzt, um inne zu halten und daraus zu lernen.

Das Problem mit den Fehlern geht aber noch weiter. Schau Dir noch einmal die erste Antwort an: „Ich bin gestolpert, weil ich hier entlang gehe." Wenn ich nicht so dumm gewesen wäre, die Wanderung zu machen, dann wäre ich auch nicht gestürzt. Also bleibe ich besser zu Hause und bin in Sicherheit. Oder übertragen auf Dich: Lass alles so, wie es ist, dann kann/wird Dir auch kein Fehler passieren.

Wer nichts macht, macht auch keine Fehler, so einfach ist das. Wir leben in einer Kultur, in der Fehler eher bestraft werden. Als Lernchancen werden sie selten begriffen. Und das ist sehr schade (damit meine ich nicht den Verstoß gegen Gesetze oder Regeln unserer Gemeinschaft), denn es hemmt unsere Experimentier-freudigkeit. Wer nichts probiert, macht auch nichts falsch. Und wer keine Fehler macht, der wird befördert. Wenn wir aber wirklich vorwärts kommen wollen, dann müssen wir Dinge ausprobieren. Manches Mal wird es zwar schiefgehen, aber das ist die Grundbedingung für wahren Fortschritt. Ich habe meinen dann oftmals staunenden Mitarbeitern immer wieder erklärt, es sei in Ordnung, Fehler zu machen, denn dies zeige, dass sie etwas Neues versucht hätten, Verantwortung übernehmen wollten und sich trauten, mutige Entscheidungen zu fällen. Ich habe ihnen dann gesagt: „Macht ihr einen Fehler, so bringt es euch und auch die Firma weiter. Denn ihr wisst jetzt, wie es nicht geht, und meistens habt ihr dann eine Idee, wie es funktionieren kann. Aber macht jeden Fehler bitte nur ein Mal und nicht (wie ich oben) zwei Mal denselben." Erfolgreiche Menschen machen viele Fehler, aber sie lernen auch daraus und werden so schlauer als die, denen keine oder immer dieselben Fehler unterlaufen.

Kinder sind ein wunderbares Beispiel für die Neugierde, immer etwas Neues ausprobieren und lernen zu wollen. Wie oft probiert so ein Windelpaket, auf zwei Beinen zu stehen und die ersten Schritte zu machen? Das Kind fällt wieder hin, steht wieder auf, plumpst wieder hin, macht wieder einen Schritt, probiert dabei etwas anderes aus. Nach vielen Versuchen, ohne müde zu werden oder enttäuscht aufzugeben, folgen dann die ersten Schritte. Man sieht dem Kind die Freude an, dass es geklappt hat. Die Eltern strahlen und sind stolz. Lass Dich von den Kindern anstecken und fang wieder an, etwas auszuprobieren.

Zum Nach- und Weiterdenken

➢ Wenn Du etwas Neues gelernt hast: Ist immer alles reibungslos abgelaufen?

➢ An welche Lernprozesse erinnerst Du Dich, die ohne Fehler abgelaufen sind?

23.Der Weg entsteht beim Gehen

Auf meiner Wanderung kannte ich mein Ziel und ich wusste, durch welche Länder ich gehen wollte. Aber ich habe die 7.500 Kilometer nicht im Detail geplant, denn das hätte wahrscheinlich länger gedauert als die Wanderung selbst. Und ich bezweifle, ob solch eine Detailplanung angesichts unvorhersehbarer Dinge überhaupt möglich und sinnvoll gewesen wäre.

Ich denke dabei an eine Fußverletzung, die ich mir in Griechenland zugezogen habe und die mich gezwungen hat, etwas an meinem Plan zu ändern und sogar nach Hause zu fahren. Geplant war, mit dem Frühling von Süden (Istanbul) nach Norden (Nordkap) zu gehen. Da mein Fuß sieben Wochen gebraucht hat, um zu heilen, bin ich nicht in den 40 Grad heißen Sommer im Süden zurückgekehrt, sondern habe meine Route einfach umgedreht und bin vom nördlichsten Punkt Europas gen Süden gewandert.

Und oft bin ich Menschen begegnet, die mir den Tipp gegeben haben, einen anderen Weg einzuschlagen, um zum Beispiel eine besondere Attraktion bestaunen zu können – und schon habe ich meinen Plan über den Haufen geworfen.

Was heißt das für Dich? Auf dem Weg zu Deinem Ziel wirst Du manches lernen und neue Erfahrungen sammeln. Dies wird dazu führen, dass Du Deinen Weg anpasst oder änderst. Es kann auch sein, dass sich Dein Ziel im Laufe der Zeit teilweise oder komplett ändert. Sei nicht stur, sondern passe Dich flexibel an. Diese Erfahrungen sind wichtige Teile Deines Weges.

Nur weil so ein Verrückter wie ich einmal durch Europa gewandert ist, musst Du das nicht nachmachen. Aber Du kannst von so manchem Extremsportler lernen. Auf Deinem Weg zum passenden Beruf helfen Dir vielleicht die folgenden Erkenntnisse:

➤ Wenn Du in eine schwierige Phase hast oder nicht mehr vorwärts kommst, bleib dran. Auch ein Bergsteiger wie Reinhold Messner hat manchen Achttausender erst im zweiten Versuch bestiegen. Manchmal waren Wind und Wetter oder er selbst nicht in der optimalen Form, und er war meistens klug genug, sein Glück nicht herauszufordern. Aber er hat es immer wieder probiert, mit eisernem Willen.

➤ Schaffst Du es gut und zügig vorwärts zu kommen, dann genieße den Weg. Verweile ab und zu und empfinde das Glück, das Du Dich entwickelst, und zwar so, wie Du es Dir gewünscht hast.

➤ Wenn Du an einem bestimmten Punkt den inneren Schweinehund nicht überwinden kannst, die nächste Aktion in

Richtung Ziel zu starten, dann gönn Dir eine Pause. Aber definiere den Termin, an dem Du weitermachst. Beginn dann mit ein paar kleinen Schritten, um wieder Erfolge feiern zu können. Das baut die Motivation wieder auf.

➢ Meistens stehe ich der Empfehlung, zuerst die dringenden Sachen abzuarbeiten, um sich den Rücken freizuhalten, skeptisch gegenüber. So ist mancher nur noch mit den dringenden Sachen beschäftigt, weil es davon meist mehr als genug gibt. Ich rate Dir etwas anderes: Lehne Dich erst einmal zurück und denke nach: Was von den dringenden Angelegenheit ist wirklich erforderlich? Alle anderen werden ersatzlos gestrichen. Dabei darfst Du ruhig kritisch sein. Die verbliebenen Dringlichkeiten bekommen ein Datum, bis wann sie abgearbeitet sein müssen. Leider wird heutzutage vieles übereilt angegangen. Indem Du Dir Zeit zum Nachdenken nimmst, gewinnst Du Zeit für die wichtigen Aktionen. Mach Dich zum Chef Deiner eigenen Zeit und setzt Dich nicht selbst unter Terminstress. Denn manchmal bist Du selbst der Verursacher des (unnötigen) Drucks. Für manchen mag dieser Tipp simpel klingen. Das Problem jedoch ist: Er wird von den wenigsten Menschen auch umgesetzt. Mach es einfach!

Bei dem letzten Punkt erinnere ich mich wieder an meine Reise: Ich bin in Kroatien in den Bergen direkt an der Küste unterwegs. Die

Sonne brennt mir seit Albanien mit 30 Grad und mehr auf den Pelz. Da es in den Bergen außer in einem Naturschutzpark nichts zu essen und zu trinken und keine Übernachtungsmöglichkeiten gibt, gehe ich am Morgen von der Küste hoch in die Berge, um dort weiter in Richtung Nordwesten zu wandern. Am Abend steige ich wieder hinab und suche mir eine Unterkunft. Das wird im Laufe der Zeit immer schwieriger, denn die Sommersaison beginnt und immer mehr Touristen kommen. Ich merke, wie ich anfange darüber zu grübeln, ob und wo ich heute Abend einen Schlafplatz finde. Es kostet mich besonders viel Kraft, wenn ich abends müde noch weitergehen muss, weil alles schon belegt ist, und seien es nur zwei Kilometer. Ich werde von Tag zu Tag müder, ich fange an, mich zu quälen. Ich habe einige Tage gebraucht, um zu verstehen, dass ich kürzer treten muss. Ich habe meine Kilometerleistung von 25 bis 30 auf 20 Kilometer heruntergesetzt. Von da an konnte ich geradezu dabei zuschauen, wie meine Kraft und meine Motivation zurückkehrten. Und die trüben Gedanken, ob ich ein Zimmer finden würde, verschwanden ganz von allein, ich war auch mental wieder auf der Höhe. Und wenn tatsächlich alles belegt war, dann haben mir die Wirtsleute geholfen, indem sie herumtelefoniert und etwas für mich gefunden haben.

Was heißt das für Dich, wenn Du merkst, dass der Schwung nachlässt? Frage Dich, warum das so ist (und zwar bis zu fünf Mal, Du erinnerst Dich) und nimm die nötigen Veränderungen vor. Und hole Dir Hilfe.

Verlasse Dich auf die Blink-Momente in Deinem Leben

Schau mal auf Dein bisheriges Leben zurück. Gab es da Momente, in denen du Dich entscheiden musstest? Ganz sicher. Erinnere Dich an ein paar davon. Jeder von uns trifft viele Entscheidungen im Laufe seines Lebens, und häufig spielen kleine Momente eine wichtige Rolle, die wir nicht einmal als wesentlich wahrnehmen (im Englischen nennt man das sehr anschaulich „Blink", was für mich frei übersetzt heißt: ein Moment wie ein Wimpernschlag). Das Leben wäre vielleicht völlig anders verlaufen, wenn Du bei Kleinigkeiten eine andere Wahl getroffen hättest. Ich gebe Dir ein Beispiel aus meinem Leben. Es ist Samstag, ich bin 21 Jahre alt und enttäuscht. Ich habe gerade eine Prüfung verhauen (meinte ich zumindest). Was mache ich heute mit meiner schlechten Laune? Mein bester Freund ist weggefahren. Ich habe also niemanden zum Reden, keinen, der mir hilft, aus dem Motivationsloch heraus zu kommen. Nachdem ich ein paar Stunden in meiner Studentenbude gegrübelt habe, entscheide ich mich (Blink): Ich muss hier raus. Ich hatte heute Morgen nach der Prüfung ein kleines Plakat gesehen und eher zufällig und unaufmerksam gelesen (Blink), dass in einem Studentenwohnheim eine Fete stattfindet. Vielleicht kann mich das etwas aufheitern. Nach einem Bier frage ich eine junge Frau, ob sie Lust hat zu tanzen (Blink). Ich will mir den Ärger aus dem Körper schütteln. Während des Tanzens macht die Frau eine Handbewegung, die ich missverstehe, ich gebe ihr spontan einen Kuss (Blink). Das waren vier Blink-Momente, in denen ich eine Entscheidung getroffen habe, ohne länger darüber nachzudenken oder überhaupt zu merken, dass ich gerade zwischen dieser und jene Alternative gewählt habe. Und jetzt bin ich seit 41 Jahren glücklich mit der Frau verheiratet. Du siehst, jeder fällt dauernd kleine Entscheidungen, bewusst und unbewusst. Und manche davon haben riesengroße Auswirkungen. Mein Sohn würde das bestätigen, weil es ihn sonst nicht gäbe. Übrigens: Die Prüfung hatte ich dann doch nicht verhauen.

Ein Ziel dieses Buches ist, dass Du Dein Ziel für den Beruf und andere Bereiche definierst und immer in Deinem Hinterkopf bei Dir hast. Wenn Du weißt, was Du willst, dann triffst Du Deine täglichen bewussten und unbewussten Entscheidungen so, dass alles auf das Ziel hinausläuft. Das passiert manchmal sogar ganz von alleine, ohne dass Du darüber nachdenken musst.

Wenn Du Dein Ziel kennst, dann werden Deine Entscheidungen dadurch beeinflusst, sie treiben Dich dann automatisch oder bewusst in die Richtung Deines Ziels. Was kann das konkret bedeuten? Zum Beispiel: Dein Chef öffnet eine Tür und bietet Dir an, eine neue Herausforderung anzunehmen. Du stehst dann an einer Weggabelung. Gehst Du rechts weiter? Oder links? Die Antwort kann einen riesigen Einfluss auf Dein weiteres Leben haben. Wenn Du die Arbeitskapitel in diesem Ratgeber intensiv durchlaufen hast, wirst Du Deinem Chef in relativ kurzer Zeit eine klare Antwort geben können (anstatt: „Es ist gerade nicht der richtige Zeitpunkt").

In manchen Situationen braucht es aber gar nicht einen Anstoß von außen. Wenn Du unzufrieden in Deinem Job bist (weil Du den falschen Beruf hast, in der falschen Firma bist, den falschen Chef hast ...) oder Dein Leben gerade etwas durcheinander ist (es steht ein Umzug an, Dein Partner hat sich von Dir getrennt, Du bist krank ...), dann kannst Du es jetzt ändern, weil Du Deine Ziele kennst. Der erste Schritt ist bekanntlich der schwerste, weil es den Mut braucht, ihn zu machen. Für den, der weiß, wo er hin will, ist der erste Schritt längst gemacht, denn er befindet sich bereits auf der Reise. Den schwersten Schritt hast Du also bereits hinter Dir.

Geh weiter und setze Schritt für Schritt um, was Du Dir vorgenommen hast. Und sei nett zu Dir, vor allem, wenn Du Perfektionist bist. Auch wenn Du von einer Aktivität oder einem Teilziel nur 80 Prozent erreichst, so bist Du trotzdem ein erhebliches Stück weitergekommen. Es geht nicht darum, der Größte, Schönste oder Schnellste zu sein, auch wenn es in unserer Welt so zu sein scheint. Eine Komponente, um glücklich zu sein, besteht darin, einen Beruf zu haben, der Dir Zufriedenheit gibt. Und genau darum geht es hier in diesem Buch.

Wenn Du noch nicht angekommen bist und noch nicht weißt, was der für Dich passende Beruf ist, dann gönn Dir mehr Zeit. Schau immer regelmäßig Deine Mindmaps und alle Deine beschriebenen Blätter an. Setzt Dich nicht unter Druck, es braucht Ruhe und Gelassenheit, bis das Ergebnis kommt. Sei geduldig und bleib dran.

Ich wünsche Dir viel Freude und Zufriedenheit auf Deinem Weg und hoffe, dass du dort ankommst, wo Du hin möchtest und wo Du glücklich und zufrieden bist. Und nun hab Vertrauen in Dich selbst. Du wirst den richtigen Weg gehen und ihn meistern.

Clemens

24.Zusammenfassung der Übungen

Hier ist zum schnellen Wiederfinden eine Zusammenfassung der verschiedenen Übungen mit Angabe des Kapitels, die Du im Laufe des Buches gelesen hast. Dort stehen auch die näheren Erklärungen und Hintergründe der Übungen. Nimm Dir die Zeit, es ist Dein Leben.

Der Autor

Clemens   Bleyl,
Jahrgang 1955, begann seine Industriekarriere 1982 nach einem Ingenieurstudium mit dem Fachgebiet Pumpen. Wie hatte er diesen Beruf entdeckt, obwohl seine Eltern beide Künstler waren? Sein Großvater besaß die EDUR Pumpenfabrik in Kiel, in der er als Kind häufig herumgestromert war. Aber außer bei seinem Praktikum arbeitete er nie dort. In seinen ersten Berufsjahren lernte der Autor den Vertrieb von der Pike auf und ging nach sechs Berufsjahren mit seiner Familie nach Kanada, um dort eine Tochtergesellschaft aufzubauen. Und damit kam die erste Verantwortung für Mitarbeiter. Im Rhythmus von drei Jahren bekam er immer anspruchsvollere Aufgaben bis ins obere Management. Nach knapp 20 Jahren verließ er seinen ersten Arbeitgeber, weil sich die Kultur

im Unternehmen in einer Weise änderte, die sich nicht mit seinen Werten und Grundsätzen vereinbaren ließ.

Nach einem Intermezzo in einem Dienstleistungsunternehmen, kehrte er in die Pumpenbranche zurück. Auch hier bekam er alle drei Jahre eine größere Verantwortung in Deutschland, China und der Schweiz und war bei seiner Pensionierung für über 2000 Mitarbeiter verantwortlich.

Seine Mitarbeiter hatten innerhalb der Unternehmen immer die meisten Fortbildungen, denn er war fest davon überzeugt, dass die Firma am erfolgreichsten war, wenn die Mitarbeiter an seiner Seite besser waren, als er selbst. Und immer Neues zu entdecken, machte Spaß und führte am Ende zu einem zufriedenen Mitarbeiter, der von sich aus Dinge ausprobierte und die Firma voranbrachte.

Im Laufe der Jahre fing er an, seinen Mitarbeitern selbst als Trainer Seminare zu geben, ob im Verkauf oder der Mitarbeiterführung. Da er möglichst nur Mitarbeiter wollte, die ihren Beruf mit Leidenschaft ausübten, konzipierte er 2003 ein Seminar, in dem die Teilnehmer von jung bis alt ihre beruflichen und privaten Ziele erarbeiten sollten. Die Teilnehmer waren begeistert, obwohl der ein oder andere festgestellt hat, dass er einen nicht passenden Beruf hatte. Aber nun hatten alle die Chance, sich in eine zufriedenere Richtung zu entwickeln, im Sinne der Mitarbeiter, der Firma und der Eigentümer.

2014 ging er früh in Pension, auch wenn sein Schweizer Arbeitgeber das nicht gerne gesehen hat, denn er hatte die Gesamtverantwortung für alles, was in Europa, Afrika, dem Mittleren Osten und den Staaten der ehemaligen Sowjetunion stattfand: die Fabriken mit dem Service, die Konstruktion, die Finanzen, das Personal und den Verkauf. Bevor er seine Erfahrungen und das Seminarkonzept in dieses Buch geschrieben hat, ging er als Übergang erst einmal wandern. Sein Ziel war, sich die Firma aus dem Kopf zu laufen und alle Anspannungen auszuschwitzen. Dazu wanderte er alleine mit dem Rucksack einmal durch Europa, vereinfacht gesagt von Istanbul zum Nordkap. Anschließend schrieb er ungeplant ein Buch darüber: „In Freiheit zu Fuß durch Europa" (Traveldiary Verlag).

Manche Erfahrungen der Wanderung sind auch in dieses Buch eingeflossen. Mit dieser Anleitung möchte der Autor den nicht wenigen Menschen helfen, die unzufrieden mit Ihrem Beruf sind, aus welchen Gründen auch immer, damit sie die persönlich passende Berufung finden und entwickeln, damit sie glücklich und zufrieden mit ihr sind. Um möglichst viele Menschen damit zu erreichen, ist das Buch bewusst als sehr preiswertes E-Book und Taschenbuch im Self-Publishing erschienen.

www.ingramcontent.com/pod-product-compliance
Lightning Source LLC
Chambersburg PA
CBHW030627220526
45463CB00004B/1439